[illegible] Krumpen

Als Gott das Glück schuf, schuf er viel davon

Unser Inselleben

Angela Krumpen

als gott das glück schuf, schuf er viel davon.

unser inselleben

AURUM

Angela Krumpen
Unser Inselleben · Als Gott das Gück schuf, schuf er viel davon

1. Auflage 2017

Lektorat:
Ursula Kollritsch
Layout:
Kerstin Fiebig · ad-department.de
Coverdesign:
Kerstin Fiebig · ad-department.de
Fotos © Angela Krumpen/privat
Druck & Verarbeitung:
Westermann Druck Zwickau

ISBN Printausgabe 978-3-95883-204-6
ISBN eBook 978-3-95883-205-3

www.weltinnenraum.de

Bibliografische Information der Deutschen Nationalbibliothek:
Die Deutsche Nationalbibliothek verzeichnet diese Publikation in der Deutschen Nationalbibliografie; detaillierte bibliografische Daten sind im Internet über http://dnb.d-nb.de abrufbar.

Dieses Buch wurde auf 100% Altpapier gedruckt und ist alterungsbeständig. Weitere Informationen hierzu finden Sie unter www.weltinnenraum.de.

für bruno.

Ohne den es keinen einzigen Sommer auf der Insel gegeben hätte. Und ohne den es sehr viel weniger Glück gäbe.

für alle kinder der insel.

Besonders für: Jerry, Bastian, Hannah, Anne, Alex, David und Emmi. Möge die Insel Euch für immer daran erinnern, wann Leben lebendig ist. Und daran, dass Gott, als er das Glück schuf, verschwenderisch viel für jeden von Euch schuf.*

* „Als Gott das Glück schuf, schuf er viel davon" ist eine Anleihe an das irische Sprichwort: „When God made the time, he made plenty of it." – Als Gott die Zeit schuf, schuf er viel davon. Wo wären diese Worte je wahrer geworden, als auf Illauntannig, „unserer" irischen Sommerinsel?

inhaltsverzeichnis

prolog

»The winter destroyed the house on the island. You may not come this year.« Der Winter hat das Haus auf der Insel zerstört, steht in der E-Mail aus Irland. Ich verstehe: Wir können dieses Jahr nicht auf die Insel. **Und begreife nichts.**

Der Jüngste, bald schon ein Teenager, weint. Wir anderen schlucken. Erschüttert. Geschockt. „Die Insel" ist unser Urlaubsziel seit so vielen Jahren. Wie Ebbe und Flut kommen und gehen, sind wir über 20 Jahre lang auf die Insel gefahren. Und zurückgekommen. Das soll auf einmal vorbei sein? Wir lehnen uns auf. Schreiben hektische E-Mails zurück: Wie groß der Schaden denn sei? Wir könnten kommen und arbeiten, ein Workcamp in den Ferien daraus machen. Wir bräuchten keinen Komfort. Bräuchten wir den, hätten wir es dann Jahr für Jahr in dem Haus mit Betonboden, an diesem zugigen, feuchtkalten Ort ausgehalten? Der uns doch wie das Paradies vorkam. Aus dem wir jetzt drohen, vertrieben zu werden.

Unser Widerstand war vergeblich. Gewaltige Winterstürme und Monsterwellen hatten ebenso gewaltige Steine den Strand hoch, über die Wiesen hinweg, zum Haus geschleudert. Hatten Fenster eingeschlagen, Löcher ins Dach gerissen und das Haus der See und dem Regen zum Fraß vorgeworfen. Zu Ostern, als der Schaden mit der ersten Erkundigungsfahrt entdeckt wurde, schlug der Fischer Bretter vor die Fenster, spannte Plastik über die Löcher im Dach. Das Nötigste. Aber es sollte noch den ganzen Sommer bis zum September dauern, bis das Haus wiederhergestellt war. Und dann auch nur notdürftig.

Zu spät für uns. Ein Sommer ohne Insel heißt: ein Jahr ohne Insel. Zu allen anderen Jahreszeiten kommt man gar nicht erst hierher.

Wir trauern.

„Nutzt doch die Chance, um endlich einmal irgendwo anders Urlaub zu machen", sagen die Menschen um uns herum. Von denen es vielen sowieso suspekt ist, dass wir unsere Ferien wieder und wieder auf der Insel verbringen. Es ist ja auch schwer vorzustellen, was diesen einsamen und oft graunassen Ort für uns so anziehend macht. Bald gebe ich es auf, nach Erklärungen zu suchen. Einmal versuche ich es noch. Versuche es mit der Liebe: „Wenn mein Mann stirbt, gehe ich doch auch nicht zum nächstbesten. Nur weil es viele Männer gibt." Betretenes Schweigen. So sei das? Ja. So ist das.

In jenem Sommer fuhren wir nicht weg. Bangten den ganzen nächsten Winter lang, ob das Inselhaus den neuen Stürmen standhalten würde. Es hielt. Im Mai wissen wir: Diesen Sommer können wir fahren. ***Und jetzt sind wir wieder da.***

Ich sitze im Wintergarten. Es regnet. Die Insel ist grauverhangen. Und nass. Und kalt. Aus dem Gepäck hole ich den Text, den meine Finger vor zwei Jahren, im Urlaub vor dem Wintersturm, so wundersam dringlich schreiben „mussten".

Die Worte waren auf einmal da, sprangen mir damals in die Finger. Mit Bleistift, Radiergummi und Kladde saß ich überall: Auf den Klippen. Am Strand. Im Wintergarten. Am Kloster. Wusste nicht warum. Wusste nur: Ich muss sie schreiben. So schrieb ich im Inselsommer 2013 unser ganzes Inselleben auf. Über 52 Wochen auf der Insel in 18 Jahren Sommerurlaub. Diesen Text nehme ich jetzt zur Hand. **Und lese.**

Wie die Insel zu uns kam

Illauntannig. Fremder, seltsamer Name. Sperriger Klang. Musik in unseren Ohren. Seit bald zwanzig Jahren gehört Illauntannig untrennbar zu uns. Sobald ich Illauntannig denke, ist alles gleichzeitig da: der weite Horizont über dem rauen Atlantik, die Schreie der Möwen, der Kopf des Seehundes; Bob, der alterslose Fischer und sein Kutter mit angehängtem Ruderboot, der warme Sand, das leuchtende Grün, federzarter Sprüh- und drückender Dauerregen, Sonne und Schauer in schnellem Wechsel, Feuerabende am Kamin und am Strand, helle Freude über schillernde Glitzersteine und Delfine im offenen Meer, tiefe Trauer über am Felsen zerschmetterte Möwenkinder und elendig verendende Schafe. Ich sehe das Baby in der Hängematte zwischen Kamin und Steiltreppe schlafen – und junge, starke, schöne Jugendliche, die ein Floß bauen und zur Boje rausbringen.

Illauntannig ist eine Insel vor der irischen Westküste, zwölf Fußballfelder groß. Winzig für eine Insel. Sand- und Kieselstrände, Felsen und Klippen. Ein Haus, eine Klosterruine. Möwen, Kormorane, Schafe und ein „Resident Seal", der „Hausseehund". Leben in der Wildnis, „Wildlife" wie aus dem Katalog des WWF-Clubs. Nur echter. Kein Strom, kein Trinkwasser. Das alles ist Illauntannig. Der Ort, an dem wir nahezu alle unsere Sommerferien verbringen. Zu Beginn, 1995, waren wir noch zu zweit. Saßen alleine am Strand, am Feuer und auf dem Felsen. Entdeckten das Inselleben. Seitdem sind wir eine Familie geworden. Die Kinder sind mit der Insel groß geworden. Den Großen haben wir als Baby in der Spüle gebadet, in dem Jahr, in dem nicht einmal das Gas für das warme Wasser funktionierte. Insgesamt haben wir mehr als ein Jahr auf der Insel verbracht.

Einmal im Jahr, immer zur Ferienzeit, hört das Fragen gar nicht mehr auf, wenn sich jemand nach unseren Urlaubsplänen erkundigt. Unser Inselleben scheint so anziehend wie abschreckend zugleich zu sein. „Entweder ihr trennt euch danach, oder ihr heiratet", haben Freunde uns im ersten Inseljahr prophezeit. Von „wie romantisch" bis „wie langweilig" reichen die Einschätzungen. Vielleicht noch: „Was für ein Abenteuer!" Von allem stimmt etwas: Romantisch ist es oft, langweilig ist das Inselleben selten. Aber immer abenteuerlich. Auf die Mutmaßungen folgen die Fragen. Diese fehlt so gut wie nie: „Wie seid ihr denn darauf gekommen?" In der Regel löst „im Reisebüro" als Antwort großes Gelächter aus, als hätten wir einen sehr guten Witz erzählt. Der Nachsatz „weil wir nach New York wollten, eigentlich" ist auch nicht wirklich hilfreich. Aber genauso hat es sich ereignet – und an dieser Stelle muss ich etwas weiter ausholen.

Als mein Mann und ich uns kennenlernten, stellten wir bald fest, dass jeder von uns einen Sehnsuchtsort des anderen kannte: Er war vertraut mit New York, und ich hatte in Paris gelebt. Wir beschlossen, dass ich ihm Paris zeigen würde und er mir New York. In Paris haben wir bald wunderschöne Zeiten verbracht. Aber New York wartete auf unserer Liste. Drei Jahre lang haben wir es nicht abgehakt. „Was ist denn nun" – fragte mein Mann im Mai 1995 mal wieder – „mit New York?" Gute Frage. Zur falschen Zeit. Der Sender, bei dem ich arbeitete, hatte wegen eines geplanten Umzuges Urlaubssperre verordnet. Wir waren alle überarbeitet, brachten endlose Überstunden hinter uns. Plötzlich verzögerte sich der Umzug. Jetzt bekam die Chefabteilung es mit der Angst vor all den endlosen, nicht abgebauten Urlaubstagen zu tun, sah diese wie Eisberge im Meer auftauchen, fürchtete, der Sender könnte daran zerschellen. Hektisch bekamen wir eine neue Anweisung, mussten so schnell wie möglich Urlaub nehmen. Im Juli. Aber bitte nicht alle gleichzeitig. Ich wollte nach New York. Natürlich. Aber wach und ausgeruht. Bereit, die Stadt und ihre vielen Abenteuer zu entdecken. Doch schon der Gedanke an mehr als drei Menschen gleichzeitig, die womöglich auch noch reden, erschöpfte mich. „Ich bin zu müde für New York", sagte ich zu meinem enttäuschten Mann. „Was willst du denn?", fragte er. Ich schloss die Augen: „Wind. Wasser. Meer. Grün." „Gut, dann eben Irland."

Wir gehen in ein kleines Reisebüro für Studenten. Meinen Mann kennen sie hier gut. „Sie wollen bestimmt wieder nach New York", begrüßt ihn die junge Frau freundlich. „Eigentlich ja. Aber uneigentlich fahren wir nach Irland." „Na, das ist doch fast das Gleiche!", kommentiert Anke, wie wir sie bald nennen, und empfiehlt uns dann, was man Irlandreisenden eben so für zehn Tage empfiehlt: ein Auto mieten, die Westküste, Bed and Breakfast. Wir nicken höflich. Anke mustert uns. Dann fängt sie an Fragen zu stellen: Ob uns ein einfaches Quartier auch genüge? Wir nicken. Auch ein sehr einfaches, also kein Strom, kein Trinkwasser? Dafür unglaubliche Natur? Das hört sich gut an. Sehr gut. Allerdings sei es eher abgelegen. Also, um genau zu sein – wirklich einsam. Wir schauen uns an und zucken mit den Schultern: Warum nicht? Anke lässt uns nicht aus den Augen, aber ihre Hände ziehen schon eine Schublade unter dem Schreibtisch auf, jetzt schaut sie uns fast verschwörerisch an. Eine Szene wie aus einem Film. „Eigentlich wollte ich nie mehr jemandem davon erzählen. Entweder haben mich alle ausgelacht oder es weit von sich gewiesen. Aber ich kenne eine kleine Insel vor der irischen Westküste. Winzig klein und einfach wunderbar." Mit diesen Worten legt sie ein Foto vor uns. Ein Haus. Auf einer Insel. Und viel Wasser drum herum. Unsere Herzen fangen an zu pochen: Da liegt ein Traum vor uns. Wir nicken stumm. „Wann wolltet ihr denn reisen?" „Wir müssen, vom 8. bis zum 18. Juli." „Dann rufe ich lieber sofort an." Dann geht alles ganz schnell. Der Besitzer der Insel ist zu Hause, er geht ans Telefon. Aufgeregt kommt Anke zurück. In diesem Zeitraum sei die Insel frei. Im Übrigen die einzige noch freie Woche in der ganzen Saison. Wir können es noch nicht wissen: Die Insel ist oft ein, zwei Jahre im Vorhinein ausgebucht. Die eine, einzige Woche aber, in der ich Urlaub nehmen soll, ist sie frei. Das sollte dann wohl so sein. Zu unserem Glück. **Unserem großen Inselglück.**

wasser

Übersetzen auf die Insel

Fast bis zum Ende des langen Weges versteckt sie sich. Erst wenn die Straße vom Dorf zum Pier endlich eine Rechtskurve macht, ist Illauntannig zu sehen. Die Insel ist ein Felsen der „Seven Hogs of Maharees", wie die kleine Gruppe von den Einheimischen genannt wird. Wörtlich übersetzt heißt das: die sieben Maharee-Schweine im Meer. In der Tat, vom Festland aus ähnelt die kleine Inselgruppe sieben borstigen Schweinerücken, die aus dem Wasser ragen. Nur der Schweinerücken in der Mitte, Illauntannig, ist etwas größer. Weiße Schafskleckse auf grüner Weide und ein grauer Hauspunkt sind von hier zu erkennen. Jetzt sind wir schon so nah und doch noch die ganze Überfahrt entfernt.

Aber bevor es ans Übersetzen geht, müssen das Gepäck, die Essensvorräte, die 30-Liter-Trinkwasserkanister in Boot und Ruderboot verstaut werden. Zusammen mit uns Passagieren. Bei Flut führt der Weg ins Boot über die hohe, so steile wie glitschige Kaimauertreppe; bei Ebbe über die rostige, enge, tiefe Kaimauerleiter.

Im ersten Jahr hatten wir zur Orientierung nichts als ein „We will meet you at the pier" („Wir treffen uns am Pier") auf einem kleinen Zettel, den der Fischer uns als Buchungsbestätigung geschickt hatte. Und das soll was werden?

Es wird was. Als wir nach der Anreise mit Flugzeug, mehreren Bussen und am Ende einem Taxi am Pier von Castle Gregory aussteigen, schiebt sich einer der dort wartenden Männer seine Mütze in den Nacken, löst sich aus der Gruppe und kommt auf uns zu. „Are you Angela?" („Sind Sie Angela?") Als ich nicke, streckt er mir die Hand hin: „Welcome to Illauntannig." Bob ist in unser Leben getreten. Und so wie er auf diesen ersten Blick dasteht, mit einer Schiebermütze auf seinem Kopf, einem Wollpullunder über dem Baumwollhemd, beides im Bund einer blaugrauen groben Baumwollhose festgesteckt, die Füße in grünen Gummistiefeln, genauso wird er auch die nächsten Jahrzehnte am Pier stehen.

Zum ersten Mal legen wir am Hafen ab, nehmen Kurs auf die Insel.

Die Atlantikwellen sind höher, als es vom Hafen aus den Anschein hat. Der kleine Fischkutter, ein Überbleibsel aus der Zeit, als Bob sein Brot mit Fischen verdiente, wird von Wind und Wellen steil aufgestellt und dann erbarmungslos losgelassen. Unser Gepäck, das im anhängenden Ruderboot, einem original irischen Currach, schaukelt, wird nass. Bob ist einer der letzten, der das Currach-Bauen noch gelernt hat. Später würden wir alles in den Taschen zusätzlich in Plastiktüten packen, beim ersten Mal wussten wir das noch nicht. Jeder Wellenmeter Atlantik, der uns der Insel näherbringt, trägt als Wegezoll ein Stück Alltag weg. Mit dem Festland verschwindet unser bürgerliches Leben. Hervorkommen wird, Welle für Welle, Jahr für Jahr, wer wir wirklich sind.

Der Motor tuckert, Möwen begleiten kreischend unsere Ausfahrt, Benzingeruch mischt sich in die algig-salzige Luft. Nach den ersten Minuten, in denen wir erst ankernde Fischerboote passieren und dann die Hafenbucht hinter uns lassen, werden die Wellen immer größer. Eine Weile lang sehe ich nur auf die hoch vor mir aufschlagenden Wellen, suche die Insel ungeduldig, doch noch vergeblich. Mein Herz klopft vor lauter aufregender Abenteuerlust. Auch aus Furcht vor dem Unbekannten. Allein? Auf einer Insel? Was haben wir da nur angezettelt? Erst als die Wellen wieder kleiner werden, liegt die Insel im Meer vor uns. Lässt sich – endlich – entdecken.

Als Erstes sehe ich eine Inselspitze mit felsigem Strand. Darüber grüne Wiesen und weiße Schafe. Graue Steinhütten, umgeben von einer grauen Steinmauer. „The monastery" („Das Kloster"), erklärt Bob, nachdem ich mich über die schwankenden Planken bis zur offenen Türe seiner Kajüte vorgearbeitet habe. Dort hält er das Steuerrad. Das Boot fährt um die Inselspitze herum, steuert jetzt die Mitte des Sandstrandes an, der die ganze Ostseite bedeckt.

Über dem Strand: ein Haus. Trotzig, grau-stolz steht es auf den Wiesen. Sagt: Ich bin, wie ich bin. Ihr müsst mit mir vorliebnehmen. Oder wieder abfahren.

Vielleicht zwanzig, fünfundzwanzig Minuten, nachdem wir im Hafen abgelegt haben, sind wir nah genug an die Insel herangekommen, um zu ankern.

Bob zieht das Ruderboot mit einem Enterhaken heran. Gibt uns zu verstehen, dass wir rücklings über die Reling ins heftig schwankende Ruderboot klettern sollen. Meine Füße suchen tastend Halt in einer ziegelsteingroßen Aussparung in der Bordwand – erst sehr viel später baute Bob eine Leiter an sein Boot – mit den Händen umklammere ich die Reling. Dann hole ich tief Luft, setze beherzt einen Fuß auf die Sitzbank im Ruderboot, hole den anderen nach, greife Bobs Hände und lande wackelig im Ruderboot. Erst jetzt darf mein Mann hinterher klettern. Später, wenn wir mit einem kleinen Baby wiederkommen, wird dieser Moment regelmäßig mein schlimmster Alptraum: In diesem sehe ich mich im Ruderboot sitzend, darauf wartend, dass mir das Baby vom Schiff angereicht wird, sehe, wie es im abgründigen, heftig schwankenden Spalt zwischen uns verschwindet. Nie haben wir die kleinen Kinder deshalb anders als auf unseren Rücken oder Bauch geschnallt ins Ruderboot transferiert! Bob weist uns bei dieser ersten wie bei jeder weiteren Reise die Plätze im Boot zu. Dann rudert er kräftig, geübt und stoisch an Land, wo uns der Sandstrand empfängt. Und ein Seehund. Der „Resident Seal", der Hausseehund. Wir sind angekommen. Das Inselleben kann beginnen.

Und es beginnt mit einer etwas mühsamen Aufgabe. Alles, was wir ins Ruderboot gepackt haben, Gepäck, Lebensmittel, Bettwäsche, Wasserkanister, muss den Strand, erst über Sand, dann über einen disteligen Streifen Wiese hinaufgeschleppt und durch ein Mauertörchen bugsiert werden, um erst einmal in einem kleinen Hof abgestellt zu werden. Damals war noch das wunderschöne Muster der sorgsam nebeneinander in den Boden gestemmten graurunden Steine sichtbar.

Im ersten Jahr war die Eingangstür seitlich angebracht. Erst später baute Bob einen hellen Wintergarten an. Damals steckt Bob seinen kleinen Schlüssel in ein rundes, winziges Schloss, öffnet die schwere Tür und dunkle Kühle empfängt uns. Nur zwei schmale Fenster lassen Licht in den Raum, gebaut für das Leben einer großen irischen Familie.

Als ich mich an das Dunkel gewöhnt habe, erscheint links ein großer Kamin, über dem ein uralter, verrosteter Wasserkessel hängt. Rechts steht ein gelb gestrichenes Regal auf einer Kommode mit kleinen Schubladen voller für Inselgäste hochwichtigem Krimskrams: Kerzenstummel, Streichhölzer, Nägel, Kordel.

Im Regal steht auch ein grünes Funkgerät. Bob erklärt uns den Gebrauch. Kündigt an, dass er uns jeden Tag Punkt 12 Uhr anfunken wird. Wir müssten dann im Haus sein, damit er sich an Land sicher sein könne, dass es uns gut gehe. In der Tat – sein „Illauntannig. Do you hear me?" („Hört ihr mich?") würde viele Jahre lang unsere Tage in Vor- und Nachmittage teilen, bis der Mobilfunkempfang auch die Insel erreichte.

Geradeaus führt eine steile Treppe in den ersten Stock, der drei Schlafzimmer beherbergt. Hinter dem Kamin liegt das vierte und größte Schlafzimmer. Neben der Treppe ist in die frühere Außenwand eine Tür gebrochen, durch die wir zu einem Anbau mit Fenstern an zwei Seiten, einem alten Gasherd, einer Spüle, Tisch und Stühlen, einem Küchenschrank gelangen. Bob hat für die Gäste eine kleine Küche und eine Dusche, in die man durch die Küche kommt, angebaut. Herd und Duschboiler werden mit Gas betrieben. Das Wasser aus den Hähnen in Spüle und Waschbecken kommt aus Tanks, zu denen Leitungen aus den offenen Regenwasserbecken neben dem Haus führen. Schon nach dem ersten Rundgang weiß ich: Dort oben im Eckzimmer will ich schlafen. Vom Bett aus kann ich, genau wie aus der Küche, dem Bad und den anderen Schlafzimmern, das Meer sehen. Von diesem Zimmer aus aber sehe ich den östlichen *und* den westlichen Strand. Als Gepäck und Vorräte ins Wohnzimmer getragen sind, verabschiedet sich Bob. Wir begleiten ihn noch zum Strand, sehen, wie er zum Boot rudert, hineinklettert, den Anker lichtet, wendet, aus seiner Kajüte die Hand zum Gruß hebt und warten, bis auch die weiße Antennenspitze hinter den Inselfelsen verschwindet. Jetzt sind wir alleine. **Die Insel und wir.**

Gezeiten. Der Atem der Insel

Es rollt, rauscht, donnert, die Wellen brechen, mal lauter, mal leiser. Ohne Ende, ohne Anfang ebbt und flutet das Meer ans Ufer der Insel. Morgens, mittags, abends, nachts. Wenn wir Zähne putzen, im Bett liegen und am Strand sowieso. Unablässig legt das Meer seinen Soundtrack über unsere Tage.

Alles ist neu. Alles unbekannt. Wir haben noch nichts von dem, was uns heute so vertraut ist, entdeckt: die Sand- und Kiesstrände der Insel, ihre Felsen und Buchten, ihre so unterschiedlichen Gesichter. Noch haben wir ihre Bewohner nicht kennengelernt: die Möwen, Kormorane und Zaunkönige. Die Kühe, Schafe und Muschelbänke. Wir üben uns in den Aufgaben, die Bob uns aufgetragen hat: „Make sure, that the cattle has enough to drink", wir sollen sicherstellen, dass das Vieh genug Wasser in seinen Tränken findet. Viele Abende wird mein Mann deswegen auf die Dächer der an das Haus angebauten, halb verfallenen Stallungen klettern und den dünnen Gummischlauch so richten, dass Wasser aus den Tanks in die Tränken rinnen kann. Aber dann war der Urlaubstag schon vorbei. Wieder ein Inseltag vorbei.

Als wir das erste Mal auf der Insel wach werden, ich habe unruhig geschlafen, das Kreischen der Möwen hat mich verfolgt, wartet nach dem ersten Frühstück eine herbe Enttäuschung auf mich. Mein Mann steht auf, schiebt seinen Stuhl an den Tisch und verkündet: „Freizeit! Jetzt will ich zwei Stunden nicht angesprochen werden." Bevor ich mich entscheiden kann, ob ich beleidigt oder empört sein soll, ist er schon zur Tür hinaus. Ich sitze und kämpfe mit meiner Enttäuschung. Jetzt waren wir so weit auf diese romantische Insel gereist, hatten endlich die im Alltag so schmerzlich vermisste Zeit zu zweit – und mein Mann wollte alleine sein? Erst im Laufe der Zeit begriff ich, wie klug das war. Gerade *weil* wir so eng beieinander waren und gerade weil die Insel nach spätestens 20 Minuten Fußweg, egal in welche Richtung, im Meer endet, gerade deswegen war es eine ausgezeichnete Idee, „Freizeit!" zu verkünden. Mein Mann schuf sich und damit uns ein Stück Freiraum, in dem wir sogar auf dieser zwölffußballfelderkleinen Insel kommen und gehen konnten.

Als ich an jenem ersten Inselmorgen fertig bin mit Beleidigtsein, setze ich mich an den Strand, schaue einfach auf die Wellen und staune darüber, dass das tatsächlich geht: auf einer Insel sein. Alleine. Alles war neu und spannend in jenem ersten Inselurlaub. Unerwartet elementar: Wasser, Feuer, Erde, Himmel. Alles auf einmal so nah, so ungetrennt von uns. Vollmond zum Beispiel war Vollmond. Kein Zeichen im Kalender, das mir manchmal zufällig ins Auge fällt, wenn ich einen Termin notiere. Vollmond bedeutet – helles Licht über Strand und Kloster. Bei wolkenlosem Himmel glitzerndes Wasser bis zum Horizont. Der ersten von einem Vollmond um Mitternacht ins Wasser gemalten Lichtstraße konnte ich nicht widerstehen. Ich musste einfach in das weiße Licht im schwarzen Wasser eintauchen. Und, oh Wunder, mein wasserscheuer Mann war auch mondverrückt und tat es mir gleich. Unvergesslich, dieses gemeinsame Bad im Mondmeer. Wind hingegen war plötzlich nicht einfach Wind. Wind konnte eine sanfte Brise sein. Kühlend. Oder aber wie eine schmerzhafte Peitsche, wenn er mir hart den Regen ins Gesicht schlug. Wind konnte Sturm werden, gegen den ich mich stemmen musste. Oder Rückenwind, wenn ich mit der Strömung schwamm.

Auf einmal nahm ich die Erde war. Setzte meine Füße nicht einfach, ohne es zu merken, auf sich immer ähnelndem Asphalt. Sondern mal auf nachgiebigen, feinen, mal auf nassen, harten Sand. Schob sie vorsichtig über veralgte, spitze Felsen, trat in nasse Felsenlöcher oder zerkratzte meine Waden an Disteln und Dornen.

Wann hatte ich je mit Feuer zu tun gehabt? Blieb der Kaminplatz stumm, blieb es kalt. Nur wenn es dort vor sich hinknistert, kann die Kälte aus den Gliedern am Morgen weichen. Am Strand Feuer zu machen war nicht notwendig und bedurfte der Pfadfinderqualitäten meines Mannes. Das erste Strandfeuer war deswegen eine sanfte Sensation, die mir bei der Erinnerung jetzt noch das Herz wärmt. Und der Himmel? Der mir zu Hause, wo ich mich überwiegend in geschlossenen Räumen aufhalte, nur ab und an von drinnen ins Auge fällt? Auf der Insel spannt er sich weit ins Unendliche. Und muss schon alleine deshalb beobachtet werden, weil nur der Himmel künden kann, welche Kleidung ihm angemessen ist. Der erste Inselhimmel ließ mich klein, demütig und froh zugleich fühlen.

Und die Tiere! Vieles machte mir, unerfahren mit Tieren und Natur, in jenem ersten Inselsommer Angst. Oft lachte mein Mann mich aus: Wenn ich von einem Inselausflug zurückkam und erzählte, dass ich nicht gewusst hatte, wie ich an den Schafen vorbeigehen sollte (vielleicht würden sie ja beißen?). Wenn die Möwen sich im Sinkflug kreischend auf mich stürzten und ich die Arme schützend über den Kopf riss oder wenn der Seehund seinen Kopf einen Meter von mir entfernt aus dem Wasser streckte. Manche Lektion erteilte uns die Insel. Auch wenn wir die Gezeiten unterschätzten. Einmal hatten wir eine der beiden Inselannexe, zu denen bei Ebbe der Übergang möglich ist, aufgesucht. Völlig gebannt schauten wir so lange durch Ferngläser den Kormoranen und dem offenen Atlantik zu, bis der Übergang geflutet war. Bis zu den Achseln im Wasser mussten wir uns Meter für Meter auf die Insel zurückkämpfen. Manches Rätsel gab sie uns auf. Zum Beispiel, als eines Morgens plötzlich die Kühe verschwunden waren. Über Nacht mussten sie die Passage zu der zweiten kleinen, bei Ebbe erreichbaren Insel gemeistert haben.

Zum Zauber des ersten Inselsommers gehört auch Bobs Stolz, uns im irischen Ausnahmesommer 1995 mit seiner Insel und der Umgebung bekannt zu machen. Fast jeden Tag tuckert sein Fischerboot in die Inselbucht, Bob taucht in der Haustür auf und lädt uns ein, mit ihm zu kommen: Zu den Seehundfelsen zum Beispiel. Von der Ostseite der Insel können wir nur den Felsen in der Entfernung sehen. Jetzt aber bringt uns Bobs Boot so nah heran, dass wir der kleinen Kolonie und ihrem Seehundleben, den neugierigen Jungtieren, den trägen Bullen, den tauchenden und in der Sonne glänzenden Tieren zuschauen können. Oder er ermuntert meinen Mann zu fischen. Als dieser einwendet, das habe er noch nie getan, beruhigt Bob ihn lakonisch: „The fishes don't know" („Die Fische wissen das nicht") und drückt meinem Mann eine selbst gebaute Angel, ein kleines hölzernes Viereck, auf das eine lange Leine mit vielen Bleigewichten und einigen Haken gewickelt ist, in die Hand.

„Aber was habt Ihr nur den ganzen Tag gemacht?", wollen unsere Freunde nicht nur nach dem ersten Inselurlaub wissen. Tja, was machen wir den ganzen Tag? Lesen, schwimmen, spazieren, lesen, kochen, backen, schreiben, am Kloster sitzen und Löcher in Meer und Wolken schauen. Vögel beobachten, kurz reden, Karten spielen, Briefe schreiben, feingeschliffene Flaschenscherben sammeln, vielleicht noch mal eine Runde lesen. Oder noch eine Runde schwimmen gehen – ich vor allem. Mein Mann antwortet: lesen, Holz sammeln, das Haus inspizieren, etwas reparieren, Stöcke, Steine, Stricke und alles einsammeln, was das Meer hergibt. Dann noch eine Runde Holz sammeln, noch ein Buch lesen, Steine stapeln oder ordnen, lesen, spazieren und schließlich alles wieder von vorne. Dazwischen: Raum für lauter Gespräche, die es an Land nicht gäbe. Und noch mehr tiefes, einvernehmliches Schweigen, was es an Land erst recht nicht gäbe. Unsere lieben langen Inseltage füllen sich wie von selbst. Wenn das möglicherweise nicht sonderlich spannend klingt, kann ich das verstehen. Denn das ist ja nur das, was wir tun. Und wir haben noch gar nicht das ganze Leben aufgezählt, das uns umgibt: die salzige Luft, das leise Klatschen der Wellen auf den Strand, das Blöken der Schafe. Die Weite, die den Horizont an allen Inselseiten aufspannt und über den Atlantik bis nach Amerika zu reichen scheint. Und die Ruhe, die sich von der Insel in unsere Zellen senkt und alles von außen nach innen beruhigt. Oder der Wind, der mir die Haare um die Nase, den Sand in den Mund und den Regen ins Gesicht bläst. Die Wolken, die sich zu immer neuen Geschichten formen, das Licht, das immer neue Bilder inszeniert. Schafe, die sich in Gefahr bringen, und Bob, der überraschend auf der Insel nach dem Rechten sieht oder zum Angeln hinausfährt und fragt, ob wir mitkommen. Oder der seinen Fischkutter mit Familie oder Freunden volllädt. Diese Menschen klettern dann mit Schäferhunden aus den Ruderbooten, um eine

Inselrunde zu drehen. Währenddessen koche ich literweise Tee, den wir im Hof zusammen trinken. Um über Gott und die Welt, Irland und Europa, Angela Merkel und den Euro zu sprechen. Vorher über das Wetter, natürlich.

Und wirklich „ausgesetzt" sind wir auf der Insel auch nicht: Ungefähr einmal pro Woche bringt Bob uns an Land zum Einkaufen. Alles, was man lagern kann, Mehl und Hefe, Tee und Kaffee, packen wir von zu Hause ein. Brot z. B. backe ich alle zwei Tage. Aber Karotten, Kartoffeln, Eier und Milch, müssen wir hin und wieder neu kaufen. Nichts hält sich in der feuchten Inselluft lange.

Außer der Sehnsucht, wiederkommen zu können. Diese Sehnsucht ließ uns nicht los, als wir zurückkehrten in unsere Leben, in die Zivilisation. Auch nicht, als wir eine Familie wurden.

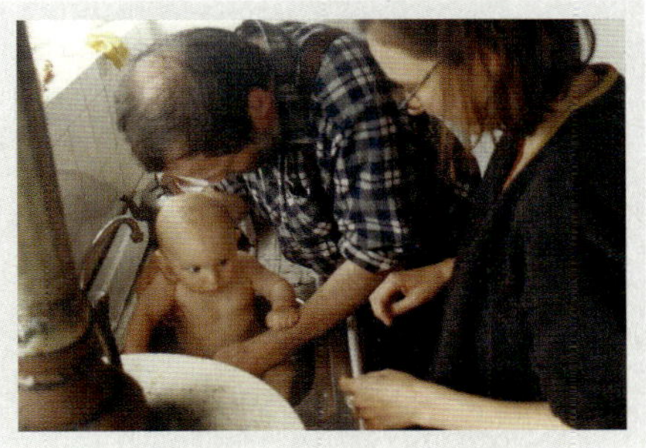

Drei Jahre nach jenem ersten Urlaub, das Leben hatte uns ein Baby in die Arme gelegt, trieb uns die Sehnsucht im Sommer 1998 zurück. Und seitdem (fast) jeden Sommer. Ausgenommen das Jahr 2006, als wir unser Glück in Schweden zu finden versuchten, und 2014, als der Sturm uns die Insel verwehrte.

Die Insel hat unser Familienleben Sommer für Sommer herausgefordert und ihm eine andere Dimension geschenkt. Weil wir uns näher und wir intensiver, ehrlicher miteinander waren. Weil niemand ausweichen konnte, wenn es schwierig wurde. Kein Anruf, keine Verabredung, keine bunten Bilder auf kleinen Bildschirmen kamen dazwischen. Wir konnten alles spielen, alles vorlesen, am Strand picknicken und jeden Ausflug auf eine der beiden anderen Inselchen so lange dauern lassen, wie Flut oder Ebbe, Hunger oder Durst, Interesse oder Langeweile es erlaubten.

Die Insel ist. Und wir sind auf der Insel. Wenn es uns gelingt, uns anzupassen.

Zu Beginn sind wir jedes Mal ganz damit beschäftigt, die Insel und das Haus in Besitz zu nehmen. Uns wieder vertraut zu machen mit den Regenwassertanks, die Duschen und Toiletten mit Wasser speisen. Das Trinkwasser in der Küche in einen 50-Liter-Tank zu hieven.

Wenn dann alles eingeräumt ist, die Vorräte verstaut und die Bücher, Spiele, Blöcke und Stifte auf den Fensterbänken des Wintergartens gestapelt sind, dann könnte es eigentlich anfangen, unser Leben auf der Insel. – Aber der Anfang ist immer holprig, zu anders, zu schnell dreht sich unsere innere Geschwindigkeit. Erst wenn wir ein paar Tage auf der Insel erwacht und eingeschlafen sind, erst wenn wir der Insel eine Weile gelauscht haben, können wir ihn hören, den Atem der Insel. Und erst langsam fängt unser Herz an, im Takt der Insel zu schlagen. Dann werden wir allmählich müde, wenn die Sonne unter- und wach, wenn sie aufgeht. Dazwischen wiegt uns die Inselnacht in tiefen Schlaf, in dem wir so intensiv träumen wie sonst nirgendwo.

Die Tage finden von selbst ihren Rhythmus. Wie Ebbe und Flut wechseln Tun und Ruhen, wechseln die Zeiten, in denen wir zusammen sind und in denen jeder für sich ist. Wobei es gut und notwendig ist, wenn schon alle so ungewohnt eng beieinander sind, dass jeder auch Raum und Zeit für sich hat.

Wenn wir uns alle mehr n den Rhythmus der Insel eingefunden haben, dann passiert etwas außerordentlich Erstaunliches: Mit einem Mal schärfen sich all unsere Sinne. Als wenn der sonst immer aufgewühlte Sand in einem Glas endlich einmal auf den Boden sänke. Wie das Wasser sich dadurch klärt, so klärt sich unser Inselblick. Mir ist dann, als wäre ein Fernglas in meine Augen eingebaut oder ein Autofokus in der Kamera, der sich von alleine scharf stellt. Hundert Arten Grau erscheinen, die Steine haben plötzlich alle eine andere Form, das Grün schattiert in so vielen Grüntönen, wie mein Auge noch nie gedacht hat, und selbst das Meer sieht plötzlich überall anders aus. Immer neu. Immer spannend. **Und so lebendig.**

Wenn ich mich in den Inselrhythmus eingegroovt habe, dann denke ich Gedanken, kommen Gedanken, die mir an Land vielleicht nie kämen.

Noch ein Hinweis: Hier erzähle ich, Angela, über die Insel. Und nur über mein Leben kann ich erzählend verfügen. Wenn also die anderen Familienmitglieder, insbesondere unsere Kinder, „unscharf" bleiben und nur als „der Große" oder „der Jüngste" auftauchen, dann ist das gewollt. Denn die Geschichten der Kinder gehören ihnen selbst. Die Kinder, die im Buch auftauchen, sind heute zwei junge Männer und zwei junge Frauen, die mit der Insel erwachsen geworden sind. Und mit dem, was ich hier von ihnen in dieser Form erzähle, sind sie einverstanden.

Die Insel. Eine kluge Philosophin

Als Kontrollfreak, der ich bin, habe ich es nicht gerne, wenn die Dinge anders laufen, als ich sie mir vorstelle. Ja, ja, theoretisch weiß ich natürlich, dass wir nichts, aber wirklich nichts, letztlich kontrollieren können, schon gar nicht, wie lange wir leben. Aber in der Praxis stecke ich ja doch alle Energie in meine Vorhaben und will dann, bitteschön! auch, dass meine Pläne funktionieren. Doch dann sollte ich wohl besser nicht auf eine kleine, einsame Insel fahren. Nichts erinnert mich so nonchalant und gnadenlos wie diese Insel an die unangenehme Wahrheit, dass unser Gefühl, wir könnten unser Leben kontrollieren, als hätten wir es im Griff, eine grandiose Illusion ist.

Um mir diese Illusion zu nehmen, braucht die Insel nicht viel, nur Ebbe und Flut. Zum Beispiel, wenn ich mal wieder auf der Suche nach dem besten Strandabschnitt bin, um baden zu gehen. Ein guter Ort ist einer, an dem ich mich nicht erst lange durch Algenkrakenarme wühlen muss, die sich fesselnd um Arme und Beine legen, oder an dem mir die Wellen keine taubenei- bis handballgroßen Steine um die Knöchel schleudern. Kaum habe ich einen solchen Ort gefunden, ist er am nächsten Tag verschwunden. Als hätte es ihn nie gegeben. Die Ebbe ist dann weiter draußen geblieben oder näher an den Strand gekommen, die Flut ist höher gesprungen oder schneller abgelaufen. Ganz zu schweigen davon, wo der Mond steht, ob er an den Wellen zieht oder sie ruhig wogen lässt. Dann kommen der Wind, das Wetter, die Wolken. Nie, wirklich nie, sieht das Meer gleich aus, nie kann ich an derselben Stelle unter den gleichen Bedingungen schwimmen gehen. Ich weiß, seit Heraklit wissen wir alle, dass wir nie zweimal in den gleichen Fluss steigen. Aber die See führt mir diese Weisheit jeden Inseltag bildlich vor Augen.

Zudem: Je öfter ich auf der Insel bin, desto rätselhafter wird mir, was hier geschieht. Wenn ich mich einmal darauf eingelassen habe, dass ich nichts kontrollieren kann, weil nichts bleibt, wie es ist, dann nistet sich schnell der Zweifel bei mir ein, welche scheinbaren Gewissheiten in Wirklichkeit wohl auch keine sind? Was halte ich für wahr – ist es aber nicht?

Das nächste Opfer meines Zweifels ist die Zeit. Je tiefer ich in den Inselrhythmus eintauche, desto mehr geht mir die Zeit verloren. Was ist das eigentlich: Zeit? Warum messen und zählen wir sie? Lacht die Zeit vielleicht darüber, dass wir sie in Tagen, Wochen,

Stunden zählen und festhalten möchten? Oft scheint es mir, als würden wir beim Übersetzen auf die Insel die „normale" Zeit, also das, was wir im Alltag darunter verstehen, am Pier zurücklassen. Auf der Insel ticken die Uhren nur aus Höflichkeit für uns Touristen. Niemand braucht sie hier. Mehr noch, eigentlich löst sich die Zeit hier auf, fallen die Zeiten ineinander.

Besonders in Zweifel gerate ich, wenn ich wie jetzt am Strand sitze und sehe, wie sich mein Teenager-Sohn in die Fluten stürzt. Gleich lagert sich ein Bild des Zehnjährigen darüber, der aus den Augen Blitze vor lauter Lebenslust schleudert und mit voller Körperspannung aus den Wellen springt. Ich sehe zugleich den Achtjährigen, der auf dem Felsen kauert und in die Welt blickt. Den Sechsjährigen, der Algen, Steine, Muscheln, Sand aus dem Wasser schleppt, um einen Fischladen zu bauen. Auch den Vierjährigen, der zaudernd am Wellenrand steht, den Oberkörper voller Abwehr steif nach hinten gestreckt, vorsichtig einen Fuß ins kalte Wasser schiebend. Den Zweijährigen, der auf dem Felsen sitzt, ein imaginäres Steuerrad in der Hand, und „Bobs Boot fahren" spielt. Und das Baby, das bäuchlings auf dem Strand liegt und sich Sand mit den Händchen in den Mund häufelt. Alle diese Bilder lagern sich übereinander, alle haben die gleiche Kraft. Aber welche sind wirklich? Die heutigen? Die Erinnerungsbilder? Alle? Gleichermaßen?

Was wäre eigentlich, wenn die Zeit, wie wir sie zählen, in Wirklichkeit gar nicht existiert? Wenn sie nur ein Konzept ist? Wenn ich auf das Meer und die Wellen schaue, frage ich mich, ob das, was wir Zeit nennen, nur die Wellen sind, nur der oberste, sich wandelnde Ausdruck des Meeres. Was, wenn es mit uns Menschen nicht anders ist? Wenn wir nichts als flüchtige Zeitwellen sind, die auf die Welt kommen und – vom Baby bis zum Greis – vom Wind übers Meer geschickt werden. Was ist, wenn die eigentliche Zeit das Meer ist? **Was ist, wenn es keine Zeit gibt? Nur Ewigkeit?**

Natürlich denke ich auch darüber nach, warum ich welche Gedanken denke. Wann es meine Gedanken sind, wann sie von den Gedanken anderer Menschen inspiriert sind und wann ich Gedanken anderer Menschen übernehme? Diese Gedanken hier würde ich sehr vermutlich nicht denken, hätte ich nicht Anfang dieses Jahrtausends „Die Welle ist das Meer" von Willigis Jäger und Dr. Christoph Quarch gelesen.

Und schon bin ich bei der Frage, was ich wahrnehmen kann, was Wahrnehmung ist, was ich mir vorgaukele und was wirklich ist: Das bisschen populärwissenschaftliche Quantenphysik, die mir verständlich ist, sagt mir, dass sich im Auge des Beobachters entscheidet, ob ein Teilchen als Welle oder als Punkt wahrgenommen wird. Die Neurowissenschaftler erklären plausibel, dass 90 Prozent unserer Wahrnehmung auf vorgefassten Wahrnehmungshypothesen beruhen und nichts mit der Wirklichkeit zu tun haben. Buddha formulierte es vor 2500 Jahren so ähnlich, noch radikaler – jeder erschaffe seine Welt, so wie er sie wahrnehme! Was für ein radikaler Gedanken! Was bleibt an Gewissheit, wenn ich diesen Gedanken in seiner Radikalität annehme? Wenn ich es zulasse, dann stürzen mich meine Gedanken auf der Insel tiefer und tiefer ins Ungewisse … Vielleicht ist die Insel in Wirklichkeit ja eine steingewordene Philosophin, die alle falschen Vorstellungen liebevoll aufdeckt. Wer weiß das schon?

Sicher ist: Ich musste auf die Insel reisen, um vieles zu entdecken, auch was Muße meint.

Die Entdeckung der Muße

Ein Sommer, in dem wir mit unseren Kindergarten- und Grundschulkindern auf der Insel sind: Das Mittagessen ist abgeräumt, das Geschirr gespült, satt und zufrieden sitzen wir im Wintergarten. Ein langer, sonniger Nachmittag glänzt vor uns. Was wollen wir damit anstellen? Alle sind ausgeruht, die Jungs zu groß für eine Mittagsruhe. Keiner hat eine richtige Idee. Wir cremen uns ein und stiefeln ins Inselblaue. Wir drehen, nicht sehr inspiriert, eine Runde. Steuern die „Gluckersteine" an, eine kleine, ansteigende Bucht mit vielen ovalen Steinen, rundgeschliffenen vom ewig kommenden und

gehenden Wasser. Wenn das Wasser abläuft, stoßen die Steine klackernd aneinander. „Die Steine gluckern", befand dabei irgendwann eines Tages der ältere Sohn als kleines Kind treffend. Seitdem nennen wir diese Inselstelle „Gluckersteine", und auch heute sind sie unser Ziel.

Wir kauern uns auf den Rand der warmen Steinbucht, kuscheln uns aneinander, hören dem Meer zu, reden ein bisschen. Die Zeit vergluckert mit den Steinen, jedes Mal wenn das Wasser abläuft. Auf einmal nimmt mein Mann einen der fußballgroßen Steine, schwingt locker aus dem Handgelenk, sodass er in einem eleganten Flug am anderen Ende der Bucht mit einem satten, tiefen Plopp ins Meer fällt. Danach steigt eine stolze Fontäne auf. Der Vorgang hat eine seltene Anmut. Für einen Moment lang liegt unser gesammeltes, überraschtes Staunen über dem Wasser. Kaum hat sich das erste Kind daraus gelöst, macht es sich daran, einen ähnlichen Stein zu finden, eine ähnliche Flugbahn zu werfen, ein ähnliches Plopp und eine ähnliche Fontäne nachzuahmen. Das erweist sich schnell als ein kleines Forschungsgebiet: Welche Steine sind zu leicht, welche zu schwer? Von wo wirft man sie am besten? Wo genau fängt das tiefe Wasser an, das für den satten Plopp verantwortlich ist? Wie muss der Stein eintauchen, damit die Fontäne stolz aufsteigt? Eine Weile sind alle mit Ausprobieren beschäftigt, dann kommen die ersten Rufe danach, sich zu messen. A- und B-Noten werden festgelegt, A für den weitesten Flug, B für die Eleganz der Fontäne und die Sattheit des Eintauchplopps. Alles entsteht ganz mühelos und organisch. Eines aus dem anderen. Wie eine Welle taucht das Spiel auf und schenkt uns einen schillernden Nachmittag an den Gluckersteinen. Für eine Weile entsteht etwas Eigenes, Neues zwischen uns, jeder von uns ist ein Teil davon und nur zusammen haben wir es so erschaffen können. Als die Welle abebbt und wir aus dem Spiel als Einzelne wieder auftauchen, fällt mir die buddhistische Lehrerin Sylvia Wetzel ein, die sich auf Hannah Arendt und ihre Lehre von der Vita activa bezieht. Wie sie über Muße referiert: Muße beginne am Ende der Erholung. Es gehe nicht um Freizeit nach der Arbeit, darum, sich zu regenerieren, sondern um Muße. Muße sei freie Zeit, in der wir wach und ausgeschlafen, frisch und munter seien.

Bis zu diesem Nachmittag war Muße für mich nicht richtig zu fassen – es klang nach Nichtstun und Ausruhen. Jetzt entdecke ich, dass Muße ein Freiraum ist, bis an den Rand mit Möglichkeiten angefüllt. Die gespannt darauf warten, welche von ihnen wie und in welcher Gestalt zum Leben erweckt werden. In vielen Mußestunden sind auf der Insel, alleine oder in wechselnden Konstellationen, viele, viele Möglichkeiten ins Leben gekommen.

Oft habe ich den Kindern einfach nur zugeschaut. Wie sie sich in ein Spiel, alleine oder zu mehreren, vertiefen. Berge von verschiedenen Algen aus dem Wasser fischen und ein Fischgeschäft eröffnen. Eine leere Flasche aus dem Meer ziehen, halb mit Meerwasser füllen und von einem etwas vorstehenden Felsen wieder und wieder ins Wasser werfen, um zu sehen, auf welchen Bahnen die Flasche um den Felsen zurückgeschwemmt wird. Wie sie, mit geraden Rücken und voll gespannter Aufmerksamkeit, das Ein- und Auftauchen des Seehundes verfolgen. Auf Felsen herumklettern und grau gewaschenes, kaum erkennbares Treibholz in Felspalten aufspüren. Sich auf allen vieren an Schafe heranpirschen. Oder gedankenverloren auf einem Fels oder einem Mäuerchen sitzen, in die Weite schauen und ihre Augen glänzen.

Und während ich den Kindern in ihren Mußemomenten zuschaue, kann ich irgendwann meine Augen nicht vor einer weiteren Erkenntnis verschließen: Die Insel leuchtet in ihre Herzen, sie zeigt ihnen, welchen Schatz sie in sich tragen.

Die Insel. Eine geborene Erzieherin

Auf einer unserer nachmittäglichen Erkundigungstouren sitzen wir an der Westseite der Insel an einem Kieselstrand. Unser ältester Sohn, damals im Übergang vom Kindergarten zur Grundschule, läuft mit einer Müllflasche auf mich zu: „Mama ich habe einen Ton gefunden." Dabei hält er den Flaschenhals so, dass der Wind hindurch heult. Das ganze Kerlchen ist gespannte Aufmerksamkeit.

Verkündet: „Ich gehe jetzt Töne sammeln." Und weg ist er. Den ganzen Nachmittag verbringt er mit seiner Ton-Mission – und am Ende sitzt er in den Kieseln, hat um sich einen Halbkreis mit sicher 15 Tönen versammelt, trommelt, klopft und rappelt uns begeistert ein Konzert aus Inselklängen: Ein Stück Schwemmholz klackert hohl, eine Kieselrassel schrabbt, aneinander geriebene Muscheln kratzen, in einer halb mit Meerwasser gefüllten Flasche heult dumpf der Wind … das Kind war völlig in seiner selbst gestellten Aufgabe versunken. Allein, zielstrebig und konzentriert hat er die unterschiedlichsten Töne gesammelt. Ich saß da, schaute ihm zu und staunte. Wünschte im Nachhinein inständig, seine Lehrer, die später immer über seine mangelnde Konzentration mit mir reden wollten, hätten zuschauen können.

Hätte ein Musikpädagoge dem Kind die Aufgabe „Töne finden" gestellt, wäre niemals dasselbe dabei herausgekommen. Das hier war so viel mehr: selbst gefunden, selbst gewählt und ganz alleine

ausgeführt. Mein Sohn hat der Insel zugehört, erst dabei einen Ton – und dann in sich selbst eine ganze Inselmelodie gefunden. Niemand hatte den Dialog zwischen Insel und Kind gestört, niemand hatte ihm eigene, und seien sie noch so wertvolle, pädagogische Ideen aufgedrängt oder auch nur angeboten. Das alles hier war von Anfang bis zum Ende sein Werk! – Und mein Sohn war nicht zu trennen von ihm.

Es war nicht das erste Mal, aber es war der eindrücklichste Beleg für eine These, die sich schon länger in mir formte: Die Insel als Erzieherin braucht keine Pädagogik. Die Insel ist, wie sie ist. Weil sie ist, wie sie ist, können die Kinder werden, wer sie sind.

Nehmen wir zum Beispiel das Feuerholzsammeln. Kein Kind muss ich hier zum Spazierengehen motivieren, niemand muss Spiele erfinden, damit sie nicht merken, dass sie die Füße voreinander setzten. Jeden Vormittag machen wir uns auf, schultern den „gelben Sack" und gehen Holzsammeln. „Aber auf den Inselbildern habe ich noch nie Bäume gesehen", fragt eine Freundin, als es um das Holzsammeln geht. Wohl wahr. Bäume gibt es keine. Aber Schwemmholz liegt überall, an den Klippen, es klemmt zwischen Felsspalten, versteckt sich, vom Wasser weißgewaschen, zwischen weißen Steinen am Strand. Jede Flut spült neue Astreste an. Jeden Tag wartet neues Holz darauf, gefunden zu werden. Dafür muss man klettern, mutig Felsen hinauf- oder Klippen hinabsteigen. Kleine Hände müssen sehr kräftig ziehen, um Holz aus Felsspalten zu lösen. Das alles braucht seine Zeit. Und der Weg verdreifacht sich, wenn das Holz zur Sammelstelle gebracht werden muss, bevor man wieder losziehen kann. Warum sammeln die Kinder so eifrig Holz, ohne zu klagen? In unserem Haus auf der Insel gibt es keine Wärmequelle – außer einem Kamin, in dem man Feuer machen kann. Wenn vorher Holz gesammelt wurde. Ohne Feuer bleibt es eiskalt. Ohne Feuerholz auch. Hier geht es nicht um die „pädagogische Erfahrung" des Feuermachens, mit der die Kinder mit dem Element Feuer vertraut gemacht werden sollen, von dem wir alle im normalen Leben abgeschnitten sind. Hier geht es um eine simple Notwendigkeit. Die Kinder verstehen unmittelbar, wozu wir Holz brauchen – und sammeln mit. Ganz ohne das Dauergenörgel, das zu Hause jedes Spülmaschine-Ausräumen, Tischdecken, Flursaugen usw. begleitet.

Auf der Insel sind die Kinder verbunden mit dem Sinn, den Aufgaben haben. Er ist buchstäblich offen sichtlich: Offensichtlich notwendige Aufgaben werden, ganz offensichtlich, einfach erledigt.

Inselherausforderungen

Wo eine Insel ist, ist rundherum Wasser

Meistens ist es schon hell, wenn die Insel auf ihrer sanften Weckrunde durch das Haus mit Sonnenstrahlen, blökenden Schafen oder Wind, der an Dachziegeln rüttelt, den Schlaf vertreibt. Wenn ich die Augen aufschlage, sehe ich noch vom Bett aus als Erstes den Strand an der Ostseite der Insel, über dem manchmal überirdisch schön die Sonne aufgeht. Die Wellen sind wieder da, brechen sich genauso wie beim Einschlafen am Abend zuvor „den Hals". Noch vor der ersten Tasse Tee zieht es mich zu ihnen, locken sie mich die knarzende Treppe hinunter, über den Hof, hinaus an den Strand, der keine 20 Meter hinter dem Hoftörchen beginnt. Schon im Hof pustet mich der Inselwind wach, und am Strand breitet sich der ganze Morgen vor mir aus. Irgendwann haben wir angefangen, morgens als Allererstes die Füße ins Wasser zu stecken. Wir nennen es: Kneippen gehen. Das Wort kannte eines der Kinder nicht, es dachte, wir wollten das Meer „kneifen". (Bei 14 Grad Wassertemperatur ist es eher umgekehrt – das kalte Meer kneift uns wie ein Krebs). Unser Familienwortschatz war damit um ein Wort reicher, morgens wird seitdem „das Meer gekniffen". Je nach Morgen und Verfassung bin ich alleine oder schließen sich mir die anderen an, springen und rennen wir über den Strand. Oder wir schleichen uns vorsichtig in den Tag. Wir hören den Träumen erst zu Ende zu oder erzählen sie uns rasch, bevor das Tageslicht die Bilder der Nacht raubt. Die Füße und Beine im Wasser, raffen alle ihre Schlafkleider hoch – aber irgendeine Welle erwischt doch die Hemden und Hosensäume. Ich gehe deswegen fast immer gleich im Badezeug, dann kann ich auch gleich ganz untertauchen, wenn mir danach ist, und schon mal ein kleines Schwimmfest feiern. Denn das ist das Schwimmen auf Illauntannig: ein Fest. Erst recht, wenn morgens die Sonne scheint. Der Strand liegt an der Ostseite der Insel, hier geht die Sonne auf, und wenn die Wolken die Morgenstunden meiden, kann die Sonne funkelnde Lichter in die Wellen malen. Oder, auch das kommt manchmal vor, gleich den goldenen Topf am Ende des Regenbogens ins Wasser schütten und uns ein himmlisches Bad bereiten. Der Körper gewöhnt sich schnell an die atlantisch herausfordernden Temperaturen und den ständig wechselnden Wind. Wie sich Wachsein anfühlen kann, weiß ich erst, seitdem ich das Meer kneife.

Meine eigentliche Schwimmzeit kommt erst später am Tag. Wenn der Nachmittag in der Sonne mit Inselspaziergängen, lesend, spielend, backend oder malend gefüllt war, habe ich mein tägliches Rendezvous mit dem Meer. Bei jedem Wetter. Nur Sturmflut lässt mich respektvoll Abstand nehmen, wenn die Wellen bis über den Strand springen. Die Insel wird zu einer Kartoffel in einem brodelnden Suppentopf, der jeden Moment überkochen kann. Das Meer ist Schwimmbadfliesentürkis, die Wellen türmen sich hintereinander, bäumen sich so gnadenlos zornig auf, als ginge es in einem Olympiafinale um die Goldmedaille. Um schließlich im tosenden Lärm zusammenzustürzen und niemals anzukommen. Auch wenn keine Sturmflut ist, bin ich vorsichtig: In Sichtweite der Insel sind schon viele Menschen ertrunken, jeder einzelne ein Badeopfer zu viel. Aber auf und ab vor dem Strand zu schwimmen - das kann ich verantworten. Ich bin immer gerne geschwommen, doch nirgendwo so gerne wie hier. Vom Wasser aus ragen Insel, Haus und sogar die Schafe mächtig aus den Wellen. Sehen auch die benachbarten Felsen respektvoll aus. Spannt sich der Himmel über mir – wenn ich dazu komme, Insel oder Felsen oder Himmel zu betrachten. Denn das geht nur, wenn weder Wellen, noch Algen, noch Steine meine Aufmerksamkeit gefangen nehmen. Die Wellen, weil sie über mir zusammenschlagen wollen, die Steine, weil ich gegen sie getrieben werde, und die Algen, weil sie meine Arme und Füße einfangen. Diese rotbraunen, glitschigen, baumstarken Pflanzenungeheuer geben gerne die Medusa, verbreiten Angst und Schrecken in mir. Was da alles wirklich nach mir greifen, mich stupsen oder über mir treiben könnte! Wer haust eigentlich in unterirdischen Algenwasserburgen? Fische, die - bestimmt gibt es die auch - beißen? Quallen, die sich nur geschickt verbergen, um dann ihr Gift verspritzend zuschlagen zu können? Jede Frage gebärt fünf neue Schrecken. Ich weiß: alles Kopfkino. Oder etwa doch nicht?

Jump now

Für jeden von uns hält die Insel ihre ganz eigenen Herausforderungen bereit. Bei einem unserer Besucher fing es schon damit an, überhaupt auf die Insel zu kommen. (Und ich will gar nicht wissen, wer uns alles deswegen nicht besucht hat.)

Für meinen Mann besteht die größte Herausforderung in alldem, was das Meer zurückgibt an Dingen, die „man doch sicher mal gebrauchen kann" (und ja, natürlich sammelt er im wirklichen Leben Sperrmüll und kann nichts wegwerfen …). Hier bieten sich Baumstämme an, die tagelang über die Insel gezogen, gerollt, gestemmt, werden, um dann mit völlig unpassendem Werkzeug zu Feuerholz verarbeitet zu werden. Oder gigantische Taue, die voll besetzt mit schleimigen, klebrigen Nacktschneckenmuscheln im Wasser liegen. Paletten, die zu Flößen oder Tischen umgebaut werden.

Aber keine Frage, bei mir ist es das Meer selbst, das mich magisch anzieht. Und herausfordert. Mit jeder Überfahrt, mit jedem Spaziergang an der Südspitze der Insel, von wo man auf das Festland blicken kann, fragt es mich: Und? Schaffst du es? Einmal die Strecke ganz schwimmen? Von der Insel aufs Land? Oder umgekehrt? Irgendwann wage ich es, Bob danach zu fragen, denn natürlich würde ich durch den offenen Atlantik nur in Bootsbegleitung schwimmen. Um zu trainieren, hatte mein Mann mich viele Male im Paddelboot begleitet. Geschwommen war ich das, was ich das „Dreieck" nenne: Zu den „The Seven Hogs of Maharees", den sieben Maharee-Schweinen im Meer, gehören ja noch die anderen sechs Schweinchen. Zwei davon liegen so vor der Ostseite der Insel, dass sie ein Dreieck bilden. Dieses Dreieck bin ich oft in Begleitung zum Training für die Strecke geschwommen. Die Strecke dauert eine Dreiviertelstunde, dazwischen liegt die eine oder andere plötzliche eiskalte Strömung, das war's dann aber auch schon an Herausforderung. Durch das Dreieck entsteht eine durchaus geschützte Bucht.

Als ich genug trainiert habe, mir endlich ein Herz fasse und Bob frage, schaut der mich nur durchdringend an: Ob ich stark genug sei? Ja, nicke ich. Aber Bob schüttelt den Kopf. Das habe noch nie jemand gemacht! Für ihn ist das Thema damit durch. Für mich nicht.

Ich komme wieder und frage wieder. Jedes Jahr. Aber immer stimmt etwas nicht: Bob weiß immer, warum es genau jetzt nicht geht: die Gezeiten, die Strömung, die Wellen, der Wind, immer wimmelt er mich ab. Ich kann ziemlich hartnäckig sein. Steinbeißer hat mich mal ein Ausbilder genannt, als ich von einer Interviewübung zurückkam und abends im Hotel einsilbige, höchst wortkarge englische Arbeiter auf Montage – wir mussten das gesamte Interview in der Gruppe vorspielen – schließlich doch zum Reden gebracht hatte. An Bob jedoch biss ich mir mit meinem Wunsch, an Land zu schwimmen, jahrelang die Zähne aus. Am vorletzten Tag eines Urlaubs hielt ich mir, bildlich gesprochen, deswegen eine Packung Eis an die angeknacksten Zähne und packte einmal mehr frustriert mit meinem Neoprenanzug auch meinen Traum weg. (Dem Anzug, den mein Mann mir doch extra zu diesem Zweck zu einem Geburtstag geschenkt hatte!) Als ich aber an diesem Tag, wie immer um 12 Uhr, den vereinbarten Funkruf mit Bob mache, schnappt es zur Begrüßung aus dem Gerät: „You still want to go?", ob ich es immer noch machen wolle? Mein Herz setzt für einen Moment aus, aber mein Kopf erfasst sofort, worum es geht. Bob ruft an, um zu fragen, ob ich heute die ganze Strecke schwimmen will. Und? Will ich wirklich hinüberschwimmen? Auf eine Art war es ja sehr komfortabel, dass ich meine Pläne nie in der Wirklichkeit überprüfen musste, mich nie meinen Ängsten wirklich stellen musste. Die rasen dafür jetzt umso schneller durch mich durch. Aber schon höre ich mich antworten: „Yes, I still want". („Ja, ich will immer noch.") „So, now!" („Dann jetzt.") Sagt Bob.

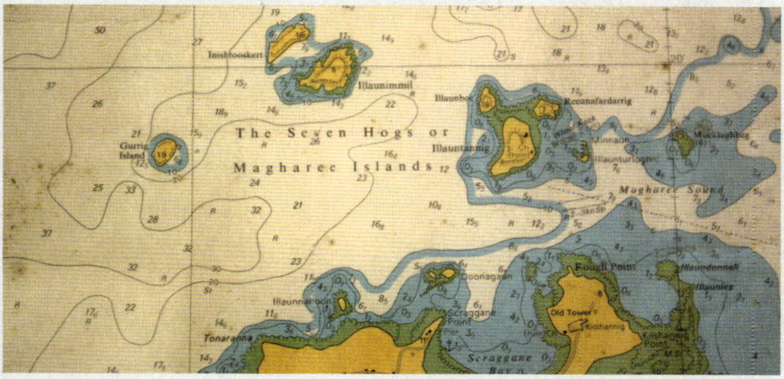

Es ist passiert. Jetzt gibt es kein Zurück. Ich bin wohl ganz weiß im Gesicht, alle starren mich besorgt an. Ob etwas passiert sei? „Ich werde schwimmen. Jetzt." Ich packe den Neoprenanzug wieder aus. Schon ist Bob mit dem Schiff da. Die Strömungen seien heute so, dass ich vom Land auf die Insel schwimmen soll. Mir ist es recht, dann kann ich danach sofort duschen gehen. Am Pier angekommen, macht sich Bob an seinem Motor zu schaffen, für mich interessiert er sich nicht. Etwas verloren stehe ich an der Reling. Frage mich, wie ich wohl ins Wasser komme? Und wann? „Jump! Jump now!" Springen? Aber das Meer ist plötzlich so tief, hier am Kai!

Der Schäfer, den Bob zur Verstärkung mitgebracht hat, zeigt auf einen Felsen weit, weit links von der Insel: Darauf solle ich zuschwimmen, wegen der Strömungen, der Abtriebs ..., ähm ..., wenn das mal alles gut geht. Ich stehe hinter der Reling, starre in das dunkle, kalte Nass unter mir und weiß auf einmal gar nichts mehr. Von Kopf bis Fuß voller Angst, bin ich wie gelähmt. Endlich nehme ich mein Herz doch in die Hand und springe. Die Wellen schlagen über mir zusammen, ich tauche auf, spucke. Und schwimme los. Am Anfang kann ich die Insel ab und zu noch über den Wellen auf- und abtauchen sehen, dann werden die Wellen höher und höher. Und ich bin mitten im offenen Atlantik. Vom Schiff aus, das mich auf der einen Seite begleitet, und von einem Freund von Bob, der an der anderen Seite rudert, bekomme ich jetzt die Richtung gezeigt, in die ich schwimmen soll. Umgeben von Wellenbergen habe ich ungefähr so viel Orientierung wie zu Hause am Niederrhein im dichten Novembernebel. Weiter, weiter, immer weiter schwimme ich. In der Hoffnung, dass vorwärts auch vorwärts ist. Irgendwann, Arme und Beine werden müde und schwer, frage ich: „Wie lange noch?" „20 Minuten", kommt es von der Reling, an der mein Mann mit den Jungs steht. Drei Augenpaare lassen mich nicht los. Tapfer schwimme ich weiter, aber nach weiteren gefühlten zweimal zwanzig Minuten verlässt mich mein Mut erneut. „Und jetzt? Wie lange jetzt noch?" Jetzt kommt keine Antwort mehr. Später wird mein Mann mir gestehen, dass ich zwischen beiden Fragen nicht von der Stelle gekommen bin, im Gegenteil, sogar zurückgefallen war. Zwischen Hafenbucht und Insel liegt der offene Atlantik, mit Strömungen und Unterströmungen. Ich bin keine Nautikerin, ich kann nicht erklären, was genau da passiert war. Fakt ist: Meine Kraft reichte gerade, um nicht zurückzufallen und mich zäh, Zentimeter um Zentimeter durch die Strömung durchzuarbeiten. Zum Glück ahne ich in der Situation nichts davon. Subjektiv schwimme ich, bewege mich nach vorn. An Aufgeben habe ich mir nicht einmal zu denken erlaubt, und so ziehe ich Zug um Zug weiter durch das Salzwasser, das mir längst in Augen, Ohren, Nase und Mund klebt und brennt. Endlich werden die Wellen kleiner und irgendwann grüßen mich ich an ihrer Südspitze verheißungsvoll die ersten Inselfelsen. Nach einer Stunde und 43 Minuten fühlen meine Füße spitze Steine und glitschige Algen. Nichts könnte sich jetzt schöner anfühlen. Selbst heute, so viele Jahre später, fühle ich noch den Stolz, mit dem die Beine mich damals auf den Strand mehr wackeln als tragen.

erde

Die Fantasie der Insel

Frau Mahlzahn wird ein zweites Mal entdeckt

Was habe ich mich, lange bevor ich Mutter wurde, auf die Zeit gefreut, wenn ich mal Kinder haben sollte, um mit ihnen in Bücher abzutauchen! Einstweilen genoss ich es, als Babysitterin oder Patin Kindern vorzulesen. Schließlich schenkte das Leben mir Kinder und als der Älteste in den Kindergarten kam, begann das goldene Vorlesezeitalter. Die Helden von Klassikern und neuen Kinderbüchern bevölkerten unser Haus. Besonders geliebt hat mein älterer Sohn als Kindergartenkind „Jim Knopf und Lukas der Lokomotivführer" aus Lummerland, denen der große Michael Ende so viel komisches und weises Leben eingehaucht hat. Natürlich hatten wir, wenn wir

in jenen Kindergartenjahren auf die Insel fuhren, auch die kleine Insel Lummerland mit im Gepäck. Von Lummerland brach Jim Knopf auf, um Abenteuer zu bestehen. Eines dieses Abenteuer führte ihn nach Kummerland. In Kummerland wohnt Frau Mahlzahn, ein Drachen, ein „sehr alter Volldrache", wie es im Buch heißt. Volldrachen sind unsterblich und können deswegen keine Kinder bekommen. Frau Mahlzahn unterrichtet aus diesem Grund Menschenkinder, die der Drachen der Piratenbande, der „Wilden 13" abkauft und sehr schlecht behandelt. Jim Knopf ist zwar selber nur ein kleiner Kerl, doch schlau, mutig und listig genug, nicht nur die von der Wilden 13 entführten Kinder zu befreien. Er hat die Größe, Frau Mahlzahn nur zu besiegen, nicht zu töten. So kann sie fortan als goldener Drache der Weisheit weiterleben. Was für eine großartige Geschichte! Die in der Muße und aller Zeit der Welt, die wir auf der Insel haben, noch mal ganz anders lebendig werden kann. Und zwar ganz real: Denn, ob es jemand glaubt oder nicht, wir haben die Wohnung von Frau Mahlzahn in Kummerland, der Stadt der Drachen, in der Alten Straße 133, dritte Etage links, gefunden. Dazu mussten wir nur die Hauptinsel bei Ebbe verlassen und Illaunboe, wie dieser Inselausläufer heißt, aufsuchen. In unserer Familiensprache ist es einfach „die Vogelinsel", weil dort in manchen Jahren Heerscharen von Kormoranen gebrütet haben.

Der Weg zu Frau Mahlzahn beginnt also dort, wo die Insel bei Flut zu Ende ist und es nur bei Ebbe zur Vogelinsel weitergeht. Erst führt dieser Weg über braune, flache Steinfurchen. Wasser flutet die Mulden zwischen ihnen aus. Langsam wird der Weg schwieriger, die Steine spitzer, immer löchriger, wie riesiger Emmentaler aus Kalkstein. Die Stellen, die von Algen überzogen sind, sind grün wie Moos und glitschig wie nasses Herbstlaub.

Zur Mitte des Weges hin haben die Algen, hier fast rotbraun, mit ihren knotigen, anklagenden Fingern die Steinkanten ganz überwachsen. Hier weiß der Fuß nie, wohin oder worauf er tritt: auf eben jene scharfe Felskante oder doch in eine Wasserspalte. Einmal bin ich diesen Weg mit Bob gegangen. Während er schnellen Schrittes über das Felsen-Algen-Feld flog (niemals war mir klarer, als in diesen Moment, was der Ausdruck „sicheren Fußes" in Wirklichkeit bedeutet), muss ich meine in Gummistiefeln steckenden-den Fußspitzen Schritt für Schritt voranschieben, erst mit den Augen abschätzen, wie ich am besten auf der Kante balanciere, dann Fuß für Fuß aufstellen oder vorsichtig ins Wasser absenken. Erst am Ende des Weges, schon auf dem Inselteil, den wir die „Vogelinsel" nennen, habe ich wieder Steine unter den Gummisohlen.

Hat man den Felsenarm überwunden, geht es noch eine Anhöhe hinauf - dann sind wir am „Samtgras". Ein kleines, knietief mit Gras bewachsenes Felsenplateau, auf das sonst nie ein Mensch einen Fuß setzt. Wenn wir uns hier hinlegen, sinken wir ein wie in riesige Federbetten, über uns der weite Himmel, sanft gestreichelt vom Wind.

Das Samtgras war Ziel vieler Picknicks und Ausflüge und lässt bis heute eine Sehnsucht offen: hier eine Nacht den Elementen trotzen, sich von der Flut abschneiden lassen und auf eine funkelnde Sternennacht hoffen. Aber zu Frau Mahlzahn müssen wir am Samtgras weiter. Vorbei am „Loch", so nennen wir einen am Weg viele Meter in die Tiefe stürzenden Krater, in den mein Mann Jahr für Jahr hinabsteigen will. Was ich Jahr für Jahr nur mit wüsten Drohungen und unwürdigen Erpressungen verhindern kann.

Vom Loch aus geht es weiter über Steinmoränen und schiefe Ebenen aus grauem Schieferstein. Ab und zu braucht man dabei Hände und Füße. Schließlich folgt schwarzes, pockennarbiges, lavaartiges Gestein. Hier, ganz am Ende, am Finistère von Illaunboe – nächster Halt Amerika –, genau hier wohnt: Frau Mahlzahn. Wobei wir sie, wie es sich für Drachen geziemt, in all den Jahren und sooft wir sie auch besucht haben, nie zu Gesicht bekommen haben. Aber immer konnten wir Frau Mahlzahn in ihrer unterirdischen Höhle grollen, fauchen und donnern hören. Je nachdem, wie schlecht gelaunt sie ist, gießen sich aus ihren Nüstern Gischtströme die Felsen hinauf, spritzen zu den Kindern, die angstlustvoll schaudern und sich eng an uns kuscheln. Hier, wo die Klippen sich metertief ins Meer stürzen und Hilfe nur vom Helikopter möglich wäre, dürfen sie uns nicht vom Fuß und nicht von der Hand weichen. Wer den Mut hat, in den Abgrund, also möglicherweise Frau Mahlzahn direkt in die Augen! zu schauen, darf dies nur, indem er sich bäuchlings hinlegt, die Füße von Erwachsenen festgehalten. An diesem so stolzen, eindrucksvollen und gefährlichen Ort residiert also Frau Mahlzahn. Himmel und Erde fließen hier ineinander über. Vielleicht ist es kein Wunder, dass wir genau von diesem Ort aus ein paar Jahre später, da war der Jüngste schon in der Grundschule, das erste Mal Delfine sehen. Vielleicht hatte Frau Mahlzahn sich da schon in den goldenen Drachen der Weisheit gehäutet, wer weiß das schon –, und es war ihr schimmerndes Licht, das die so edel aussehenden Tiere anzog? Frau Mahlzahns Höhle ist eine besonders imponierende Seite der Insel, die so viele verschiedene Gesichter hat.

Am Anfang, als wir mit einem Stillbaby auf die Insel kommen, ist unser Bewegungsradius begrenzt: das Haus, der Sandstrand vor dem Haus, vielleicht noch zum Kloster. Viel weiter schaffe ich es meistens nicht. Die Kleinkinder halten später schon bis zum „Binnenmeer" durch, eine zwei mal drei Meter große, mit Wasser gefüllte Felsenmulde, in der man vortrefflich kleine Holzboote

schwimmen lassen kann. Die „Gluckersteine" und der unterirdische Gang im Kloster sind genau richtig für die Kindergartenkinder. In der Übergangszeit zur Grundschule stärken die Kinder ihren Mut im Höhlen- und Kaminklettern an der dem Festland zugewandten Inselspitze. Und nie werde ich unsere Ankunft vergessen, als der ältere Sohn vier Jahre alt war: Wir schleppten das Gepäck hoch und bezogen die Betten. Erst nach einer Stunde fiel mir auf, dass das Kind jetzt doch schon länger alleine draußen unterwegs war. Da stand er plötzlich wieder vor uns, strahlte und verkündete: „Jetzt habe ich alles wiedergefunden und allen Orten auf der Insel, Guten Tag' gesagt." Keine Frage, die Insel war ein Teil von ihm geworden. Die Freude, diesem Teil wieder zu begegnen, war riesengroß. Und ich staunte dankbar, wie sich das Leben mit dem Leben verbündete.

Die Aufgaben der Insel

Immer wieder fragen uns Freunde, ob wir denn die Insel immer noch nicht satt hätten? Irgendwann müsste sie uns doch zu den Ohren rauskommen! Es mag schwer verständlich sein, aber nein, es ist genau umgekehrt: Je länger wir die Insel kennen, desto mehr wollen wir dort sein. Warum sollten wir uns langweilen? Da sind all die Dinge, die wir auf die Insel mitnehmen. Die Spiele und Bücher. Aber auch die Briefblöcke, um endlich mitteilsame Briefe zu schreiben, die Kladde, in der lang schon nicht zu Ende gedachte Gedanken nun Gestalt annehmen können. Aber das, was wir auf die Insel mitbringen, ist nur ein Teil. Genauso wichtig und von Woche zu Woche bedeutsamer ist all das, was die Insel uns zu tun aufgibt. Vom Holz sammeln für das Feuer habe ich schon erzählt. Das ist lange nicht alles, andere Notwendigkeiten kommen hinzu: Kein Wasser im Tank bedeutet, die Autobatterie vom Funkgerät abklemmen, die Pumpe aus dem Schuppen holen, auf die offenen Regenwassersammelbecken klettern und Wasser in das dem Haus am nächsten gelegene Becken pumpen. Von dort wird es dann durch einen dünnen Schlauch in den Tank geleitet. Dann heißt es warten und den Moment nicht verpassen, in dem der vordere Tank überläuft. In einem Jahr habe ich die gesamte Prozedur fotografiert, während mein Mann und einer der Jungs sie geduldig ausführten. Schritt für Schritt für Schritt, der ganze kleine Körper ein aufnahmebereiter Schwamm, stapfte das Kind hinterher. Und plötzlich verstand ich, ganz real, was es bedeutet, in die Fußstapfen von jemandem zu treten.

Außer dem Wasser, das plötzlich versiegt, können auch das Gas ausgehen, die Tränke der Schafe verstopfen oder der Schlauch zur Tränke abreißen. Der Trinkwasserkanister in der Küche kann leer werden, was bedeutet, dass die Vorratskanister herbeigeschleppt, auf einen Schemel gehievt und von dort mühsam umgeschüttet werden müssen. Auf der Insel gibt es nur einen kleinen Kühlschrank, alles, was leicht verderblich ist, kann nur in kleinen Mengen mitgebracht werden. Brot backe ich deswegen selbst. Worüber unser Jüngster in einem Brief an Oma und Opa schreibt: „Wir essen das leckere Inselbrot immer schnell auf, damit die Mama neues backen muss." Ich kann ihn verstehen: Wenn die Hefe im Ofen dicke Blasen schlägt und ich diese im Hof der Insel in den Teig knete, während mir der Wind um Nase und Hände weht, das Ganze dann in der Inselsonne vor sich hin ruht und geht und ruht – dann kann ich förmlich zusehen, wie der Brotteig Wind ein- und Sonne ausatmet. Wie er sich Kraft und Würze aus der salzig-algigen Luft über den Atlantikwellen holt. Und noch bevor das Brot fertiggebacken aus dem Ofen kommt, hat man den Geschmack des Meeres auf der Zunge.

Das klingt jetzt vielleicht so, als wären wir von morgens bis abends mit Brotbacken und Feuerholz sammeln und hacken, kurz nur mit Inselarbeit, beschäftigt. Aber so ist es nicht. Wenn das Notwendige erledigt ist, steckt die Insel voller Ideen, die unbedingt ausprobiert werden müssen: Brennnesseln und Disteln mit der Sense mähen, sich an Schafe anschleichen und sie einfangen, Möwen füttern und zähmen und und und ... Jedes Jahr fallen den Kindern neue Dinge ein, für die viel, viel Raum bleibt, drinnen und draußen, im Haus und auf der Insel genauso wie in Kopf und Seele.

Es mangelt uns an nichts

Jedes Jahr schreiben wir sorgfältige Listen, was es für die Insel einzupacken gilt. Schließlich heißt etwas vergessen haben auf der Insel nicht nur etwas vergessen haben, sondern auch: es nicht neu besorgen zu können. Was auch immer fehlt – es wird fehlen. Doch Jahr für Jahr schreibe ich diese Liste mit mehr Gelassenheit. Zu oft habe ich die Erfahrung gemacht, dass die Insel alles hat, was wir wirklich brauchen. Gummistiefel kann man im Schuppen finden, wenn man lange genug sucht. Dass sie Teerflecken haben und das ein oder andere Jahr auf dem Buckel, ist egal. Hauptsache, die Füße bleiben trocken. Die Insel weckt in uns allen kreative Ideen: Ein Gürtel, der wirklich nötig ist, für den können wir aus Treibgutseilen Fäden lösen und zu einem neuen Gürtel flechten. Hält ausgezeichnet. Wir haben kein Stövchen, das den Tee warm halten könnte? Mein Mann macht es sich zur Aufgabe. Bald hat er vier lange, dickköpfige Nägel quadratförmig angeordnet in ein Brettrestchen geklopft und in die Mitte ein in Bobs Schubladen gefundenes Teelicht gestellt, voilà. Der Tisch im Hof ist verrottet? Vier Fischboxen und eine angeschwemmte Palette ersetzen ihn bald bestens. Lange habe ich in unseren Inselzeiten Gemüse vermisst, länger als eine Woche halten sich nicht mal Möhren hier. Bis wir auf einmal richtig hinschauten. Und wilden Spinat fanden. Und zwar auf beiden Inselverlängerungen, der Vogel- und der Spinatinsel. Große Taschen voll Spinat sammeln wir seitdem. Nach einer Weile und einigem Ausprobieren haben wir jetzt die schmackhafteste Zubereitung ertüftelt: erst lange, richtig lange, eine gute halbe Stunde bis Stunde, je nach voranschreitendem Sommer und älter werdendem Spinat, in Salzwasser kochen. Ausdrücken, dann in Olivenöl, Zwiebel, Senf und Zitrone dünsten. Großartig. Falls wir später auf der Insel sind, nach der Spinatzeit, wachsen hier Champignons.

Falls wir doch mal etwas vergessen haben, für das wir auf der Insel keine Lösung finden, dann merken wir in der Regel: Es geht auch ohne. Man überlebt ganz gut ohne viele Dinge, an die wir uns einfach gewöhnt haben. Ich merke, wie viele Vorstellungen ich mir mache, wie vieles ich voraussetze oder für unverzichtbar halte, damit ich mich wohlfühle. Schwarzer Tee mit Milch und Honig. Köstlich, finde ich. Mit jedem Schluck trinke ich Urlaub und Erholung. Und wenn die Milch oder der Honig oder der Tee aus ist? Dann vermisse ich diese eine Weile, manchmal durchaus schmerzlich. Aber das geht dann einfach vorbei. Und auch anderer Tee schmeckt plötzlich nach Urlaub. Die Insel hat mich entwöhnt und mir ein Stück Freiheit zurückgeschenkt.

Die Insel. Eine einfühlsame Bildhauerin

Erst seit gut 20 Jahren kommen in den Sommermonaten Touristen auf die Insel. Vielen ist Illauntannig so ans Herz gewachsen, dass sie, wie wir, immer wiederkommen. Aus Großbritannien, aus Irland, aus Deutschland, aus den USA. Wir alle genießen die Sommerseite der Insel: die hellen, langen Tage, die Sommersonne, die Zeit, in der man auf der Insel ernten, schwimmen und fischen, das Leben genießen kann. In der man überhaupt auf die Insel übersetzen kann. Ende September werden die Boote am Pier aus dem Wasser gezogen und erst Ende April wieder ins Meer gelassen. Keiner von uns Touristen setzt sich den harten Seiten der Insel aus. Nicht den Herbst- oder gar Winterstürmen, nicht der Nässe, der Kälte, der Dunkelheit.

Und schon gar nicht der Härte, wie sie die mutmaßlich ersten Bewohner der Insel ausgehalten haben: Das waren Mönche.

Ich habe nicht den Hauch einer Ahnung, wie alt die Insel ist. Uralt. So alt wie die Steine auf der Insel sind. Steinalt. Immerhin weiß ich, wann die ersten Mönche die Steine der Insel zu „Beehive Huts", zu Bienenkorbhütten, aufschichteten, um zusammen mit dem Heiligen Senach hier zu siedeln, zu beten und zu leben. Im 6. Jahrhundert, vor beinahe 1500 Jahren, war das. Bis heute sind die kleinen Hütten der Mönche gut erhalten.

Das Oratorium, die Schlafräume, die unterirdischen Gänge: So oft ich auch versuche, mir das Leben, den Alltag der Mönche vorzustellen – es gelingt mir nicht. Bruchsteine davon wie Kälte, Nässe. Härte. Und das Ganze in Isolation. Davon kann ich mir ein Bild machen. Vielleicht noch, dass mich die dunklen unterirdischen Gänge, in denen man nur krabbeln kann, anziehen. Wenigstens dort wird es Zuflucht vor Wind und Wetter gegeben haben.

Auf der Insel gibt es kein Internet, kein Nachschlagewerk. Auf diesen Wegen kann ich nichts über das Leben der Mönche herausfinden. Auf ihrem Friedhof, im Innern, mitten im Gras entlang der Außenmauern, liegen kantige Steine. Viele. Hier müssen also mehr als zwei, drei verrückte Gottessucher gelebt haben. Wer auch immer hier war – es müssen Radikale gewesen sein. Nur jemand mit einer ebenso radikalen Entschiedenheit wie radikalen Motivation würde ein Leben von solch stählerner Härte wählen.

Das Einzige, das ich über die Beweggründe der ersten keltisch-irischen Mönche weiß, die sich mit Vorliebe die unwirtlichsten, am schwersten zugänglichen Orte, die gar nicht extrem genug sein konnten, für ihre Klöster aussuchten: Sie suchten Gott. Im Absoluten. Nichts, keine Bequemlichkeit, sollte bei ihrer Suche zwischen sie und Gott kommen.

Wenn das das Ziel der Mönche war, ein hartes, asketisches, entbehrungsreiches, extremes, den Elementen ausgeliefertes Leben zu führen, dann - herzlichen Glückwunsch - hatten sie mit Illauntannig den perfekten Ort gefunden!

Für manche Dinge gibt es keine Erklärung

An dieser Stelle möchte ich von einer Begegnung im Inselsommer 2015 erzählen: 19 Sommer habe ich auf dieser Insel verbracht und wenig bis nichts über das Leben der Mönche gewusst. Und dann, im zwanzigsten Jahr, taucht auf einmal Laurence Dunne auf der Insel auf. Er kommt mit Bob und einem Tross von Denkmalschützern, die für den irischen Staat arbeiten und das Kloster, das auch unter dem Winterjahrhundertsturm gelitten hat, auf der Insel erhalten sollen. Laurence ist Archäologe und weiß einfach alles über die Insel. Das liegt an seinem Beruf. Natürlich. Aber auch daran, dass er, wie wir, einer von Bobs Touristen ist! Seit vielen Jahren verbringt er seine Sommerauszeiten auf der Insel. Wir lachen, als wir das feststellen. Und sind bewegt, als uns klar wird, wie sehr wir beide diesen Flecken Erde lieben. Im Unterschied zu mir liebt Laurence die Insel nicht nur, er wohnt auch ganz in der Nähe und ist ein wandelndes Insel-Lexikon. Endlich habe ich jemanden, dem ich alle meine Fragen stellen kann. Als Erstes, im Nebensatz und im Vorbeigehen, zeigt Laurence mir eine weiße Stelle im vom Sturm aufgerissenen Erdreich, „a hip" („eine Hüfte"), sagt er. Und: Davon gäbe es viele hier. Viele Menschen seien in Sichtnähe und rund um die Klostermauern bestattet worden, möglichst nah an der heiligen Erde. Laurence war es auch, der das Skelett erforscht hat, das die Inselerde ein paar Jahre vorher preisgab. Das sei ein junger Mann, vielleicht ein Wikinger, auf jeden Fall aus der Wikingerzeit gewesen. Er sei von einem Schiff gekommen, habe nicht auf der Insel gelebt. Das wisse man, weil, er gut genährt war, als

Inselbewohner hätte er mangelernährt sein müssen. Aus dem Skelett konnte Laurence auch ablesen, dass der Mann ermordet und über Bord geworfen worden sei. Meine Augen werden groß und größer, je länger Laurence erzählt und mich mit seiner Leidenschaft bannt.

Die Mönche, erfahre ich, waren eigentlich gar keine Mönche, auch wenn sie von allen so genannt werden. Sondern Laiengemeinschaften. Hatten keine Priester, keine Kirchen. Sondern Bethäuser, Oratorien. Sie lebten tatsächlich in den Schlafhütten. Aber diese waren innen mit Häuten ausgelegt. Die Wände abgedichtet. Mit Tierhäuten brachten die Mönche, die Teil einer größeren Gemeinschaft waren, Trinkwasser auf die Insel, auf der es – ich komme aus dem Staunen nicht mehr heraus – eine kleine Quelle gab. Der Rest der Gemeinschaft lebte in Kilshannig, in der Nähe, an Land und versorgte die Klostergemeinschaft auf der Insel.

Die Vorbilder der Mönche, weiß Laurence, waren die Wüstenväter. Und was ihnen die Wüste war, sei den Inselmönchen die See gewesen. Ihr Bild, ihr spiritueller Kompass auf der Lebensreise, war das Ruderboot. Immer zu dritt haben sich die Mönche in diesem Bild auf dieser Lebensreise zusammen in einem Boot unterwegs gesehen. Mit Rudern. Aber ohne Steuer. Gott sei der Steuermann, und wo immer er sie hinleite, sei es gut.

Ich schlucke. Schaue auf die so unberechenbare See, die gerade erst tagelang zu aufgewühlt war, als dass selbst der Fischer im 21. Jahrhundert die Insel mit seinem Kutter ansteuern würde! Was für ein Vertrauen in Gottes Nähe und Fürsorge birgt dieses Bild der Mönche im Kanu für ihr Leben.

Stunden könnte Laurence erzählen. Aber er muss weiter. Und wir wissen beide: Wir werden dafür sorgen, dass wir uns wiedersehen.

Die Fragen und die Sehnsucht der Mönche brennen seit meiner Kindheit in mir: Wer sind wir, bevor wir sind? Wer, nachdem wir waren? Und wer sind wir in der Zeit hier auf der Erde?

Diese Fragen haben Menschen zu allen Zeiten und an allen Orten gestellt. Zu allen Zeiten und an allen Orten haben mystisch begabte Menschen ihre feinen Antennen wie Teleskope ins All geschickt. Um dort Antworten auf diese Fragen und eine Ahnung des großen Geheimnisses, das unser Dasein durchdringt, aufzuspüren. Wenn sie dann versucht haben, ihre von den Teleskopen eingefangenen Antworten in Wortbilder zu bringen, treffen mich diese Bilder mitten ins Herz. Bohren mit einem eigentümlichen, so einzigartigen wie glücklichen Schmerz, einen Haken hinein, an den eine Fadenspur aus Licht geknüpft ist. Gelingt es mir mit viel Glück, den Faden einzuholen, halte ich an seinem Ende selbst ein Stück Licht in den Händen. Und für einen winzig kurzen, ewigen Moment leuchtet das Unenträtselbare hell auf, hinterlässt eine so unerklärliche wie unverbrüchliche Zuversicht.

Ich frage mich, *wie* die Mönche auf Illauntannig ihre Teleskope über die Gezeiten ins All ausgefahren haben, und welche Bilder sie auf die Inselerde gebracht haben. Und auch wenn ich weiß, dass ich niemals für dieses brutalharte Leben gemacht gewesen wäre – der erste Winter hätte mich dahingerafft – die Suche der Mönche, diese so dringliche, alles andere im Leben verblassen lassende Suche nach unserer wahren Heimat, ist wirklicher als das, was wir Wirklichkeit nennen, und es ist mir näher als mein eigener Herzschlag. Kein Wunder, dass ich so sehr von ihren Behausungen, ihrem Bet- und Lebensort, angezogen werde. Wenn ich abends zum Kloster gehe, schlage ich mein Quartier Jahr für Jahr an einer kleinen, halb eingefallenen, anderthalb Quadratmeter kleinen Hütte auf. 19 Jahre lang dachte ich, sie sei, weil sie außen liege, so eine Art Klosterpforte. Bis mir Laurence erklärte, dass es sich hierbei um ein kleines Bethaus, ein Oratorium, gehandelt hat. Beide hatten wir eine Gänsehaut bei dem Gedanken. Hier habe ich einen spektakulären Blick über die Bucht. Und hierhin schleppte mein

Mann mir im ersten Jahr einen Stein. Er hat die Form und Größe eines großen Sofakissens. Heute ist es selbst meinem Mann, allen anderen sowieso, schleierhaft, wie er ihn hat bewegen können. Denn er ist so schwer, dass niemand ihn seitdem verrückt hat. Der Stein dient mir als Schreibplatz und „Meditationskissen", er ist nach vorne leicht abgeschrägt. Perfekt.

Abend für Abend suche ich diesen, meinen Inselstein, auf. Tauche in die Bucht ein, über der sich der Horizont bis ins Unendliche spannt. Geheimnisvoll birgt er die Elemente Himmel, Wasser, Erde in sich. Jene Elemente, denen sich die Mönche so radikal aussetzten, und aus denen wir bestehen. Mit Abstand das meiste in mir ist Wasser, vor allem mein Gehirn besteht aus so gut wie nichts anderem. Vielleicht zieht die See mich deswegen so magisch an? Spiegelt sie mir doch, woraus ich bin. Erst wenn ich mich sattgesehen habe an See und Bucht und Himmelsspiel im Spiegel der Wellen, schließe ich die Augen.

Die Insel enteist mein Herz

Hierhin komme ich auch, als ich über die Insel und das Kloster schreiben will. Sitze dort, wo ich sonst abends dem Leben zuhöre und nach ihm auf die Suche gehe. Als ich anfangen will zu schreiben, sehe ich mich auf einmal selbst. Sehe die junge Frau, die hier

Meine Geschichte

vor über 20 Jahren auf dem Stein saß und ihren Gedanken nachging. Dem Meer, dem Leben ihr Herz hinhielt. Damals mit der qualvoll brennenden Frage: Woher nur solle sie wissen, wie nur solle sie entscheiden, ob der Mann, der mit ihr auf die Insel gekommen war, der richtige für ein ganzes Leben wäre?

Heute nähme ich diese junge Frau am liebsten in den Arm, damit sie den Kopf gegen meine Schulter legen und ich ihr sagen könnte: Lass das Denken. Die Antwort, die du suchst, kann man nicht denken. Nur fühlen. Und das kann nur dein Herz.

Heute weiß ich, was wir beide, die junge Frau und ich, damals nicht wussten: Das Herz dieser jungen Frau würde erst auftauen müssen, bevor es würde fühlen können.

Eine Ahnung, immerhin, kam Jahre später. Wieder saß sie hier. Mit mir. Viel war in ihrem Leben passiert. Das Leben hatte ihr längst Verantwortung für kleine Kinder anvertraut. Alte feste Arbeitsplätze hatte sie verlassen, sich auf freies Schaffen eingelassen und neu Fuß gefasst. Jetzt war sie in ihrem Leben so weit angekommen, dass sie anfangen konnte, sich selbst auf den Grund zu gehen.

Eines Abends war sie zu ihrem Stein gewandert, vor sich die Weite des offenen Meeres, hinter sich die in die Insel versunkenen steinernen Mönchshütten. Plötzlich hatte sie auf sich selbst geschaut wie auf ein Bild, mit ihr als Protagonistin. Eingefroren war sie darin. In Eis, das bis zum Horizont reichte. Die ganze Bucht bis zum Horizont gefüllt von einem riesigen Eisberg. Sie selbst saß gefroren darin auf ihrem Stein, untrennbar vom Berg in das Eis gefroren.

Die erste, so bestürzte wie erleichterte Reaktion zeigte ihr: Das Bild ist wahr. Und Wahrheit, das hatte sie schon gelernt, macht frei. Immer. Das Bild von ihr selbst als Eisberg begleitete sie eine Weile. Dann zog es sich zurück. Irgendwann, wieder waren Jahre über die

Insel geebbt, kam das Bild zurück. Verändert. Jetzt reichte das Eis längst nicht mehr bis zum Horizont, der Eisberg um sie war zu einer iglugroßen Hütte um sie herum geschmolzen.

Von nun an überlässt sie es nicht mehr dem Zufall, überprüft Jahr für Jahr in ihren Stunden am Stein, wie dick das Packeis zwischen ihr und dem Leben noch ist. Von Jahr zu Jahr: Tauwetter. Wie Jahresringe eines Baumes wachsen, nur umgekehrt, so schmolzen die Eisringe um sie herum. Sie machten sie weicher und freier. Eisring um Eisring. So weich und so befreit, dass sie irgendwann den Wind auf ihrer Wange fühlen konnte. Irgendwann blieb nichts als dünner Raureif, ein feiner, kristalliner Ring, der sich noch schützend um ihr Herz legt. Mein Herz. Unterdessen fallen sanft Regentränen auf ihre Wangen, getrocknet vom Wind.

Ich verscheuche die junge Frau, die ich einmal war. Und die, die ich heute bin, setzt sich auf den Stein. Vor mir das vertraute Bild der fünf Felsenriffe, hintereinander aufgereiht, wie fünf steinerne, halb auf-, halb abgetauchte Walrücken. Dazwischen spülen die Wellen. Immer anders.

Immer neu. Wie das Leben.

Das ich nie begreifen werde. Aber von dem ich an diesem Ort doch mehr verstanden habe. Vor allem in meinen Steinstunden. Langsam. Am Anfang meiner Tauwetterjahre wusste ich nur, irgendetwas ist auf der Insel anders. Irgendetwas macht, dass es mir hier besser geht. Nur, was?

Es musste mit Bewegung zu tun haben, damit, dass auf der Insel Bewegung immer sichtbar ist. Im Wind. Den Wolken. Den Wellen. Zu Hause bewegt sich das Leben auch. Aber wann kann ich das in unserem geschlossenen, behausten Leben noch spüren? Hier auf der Insel ist es immer offensichtlich: Alles ist in Bewegung. Und was sich bewegt, lebt. So einfach.

Als ich im Wind das erste Mal das Leben auf meiner Haut *spürte*, nahm ich seine *Spur* auf. Und merkte: Die Insel ist meine Bildhauerin. Ich bin ihr Modell. Und wenn ich die Inselbildhauerin an mir arbeiten lasse, dann klopft sie mich mit ihren Hämmern und Meißeln, mit ihren Elementen, einfach frei.

Und auch das gab es in meinen Steinstunden: Eines Abends war mir, als wäre ich nicht alleine. Mir war, als träfen mich Blicke im Rücken. So sehr, dass ich mich jäh umdrehte. Und da, in einem Halbrund aufgereiht, saßen sie: gesichtslose Mönche, mir freundlich zugeneigt. Ganz fern. Ganz nah. Stärkten mir den Rücken. Als gäben sie mir, durch Zeit und Raum, ein Staffelholz an und reichten mir solidarisch die Hände.

Geborgenheit floss um mich und ich hätte mich liebend gerne zu ihnen gesellt, mich ihnen angeschlossen. Sehnlich wünschte ich, sie hätten Gott, das Licht in allen Dingen, aus dessen Lichtfäden wir alle in den gleichen Stoff gewoben sind, gefunden. Hätten alles gefunden, wonach sie gesucht hätten. Wären glücklich gewesen. Wie ich in diesem Moment.

Inselfamilien

Im Dunkeln liegt, was nach den Mönchen kam. Die Spur der Inselbewohner von Illauntannig taucht erst im 18./19. Jahrhundert auf. Ein „Godwin", so erzählen sie hier, sei aus Wales nach Irland gekommen. Von ihm stammen alle Godwins ab, auch die, die als Farmer auf Illauntannig lebten. Wo ein hartes Leben auf sie wartete: Da war der karge Boden, auf dem gerade mal Kartoffeln, Möhren, Rübchen und Zwiebeln gediehen. Mit Ruderbooten, nach hiesiger Art aus Fellen und gebogenen Hölzern hergestellt, fuhren sie zum Fischen. Oder sie versuchten, sobald ein Schiff in Sicht kam, schneller als die Boote, die vom Festland aus starteten, bei ihm zu sein. In der Hafeneinfahrt in der Nähe, „Fenit Harbour and Marina" heißt der Ort heute, sind viele Untiefen, die nur die „Locals", die Einheimischen, kennen. Die großen Schiffe heuerten sie deshalb als Lotsen an. Wer als Erster am Boot anlangte, hatte den Job. Dieses Prinzip, rennrudern um den Lotsenjob, haben die Menschen hier bis weit in die 2. Hälfte des 20. Jahrhunderts beibehalten. Zwei Familien haben hier auf der Insel gelebt. 1928 verließ die erste, 1954 die zweite Familie die Insel. Am Kamin hängen heute noch die rostigen Wasserkessel, das Kochgeschirr und die Kaminwerkzeuge aus jener Zeit. Heute hat das Haus einen Wintergarten und Fenster an drei Hauswänden. Als wir das erste Mal hier waren, gab es all das noch nicht. Sowieso: Was für einen Komfort genießen wir gegenüber den Familien, die hier das ganze Jahr über gelebt haben! Immer schon wurde hier das Regenwasser in Zisternen gesammelt. Aber heute drehen wir in Küche und Bad die Hähne auf, früher musste das Wasser mit Eimern geschöpft werden. Die Anstrengung, auf diese Weise zu kochen, sich selbst oder gar die Wäsche (inklusive der vielen Windeln!) zu waschen, können sich meine Synapsen nicht vorstellen. Meine Hände werden vor Schreck schon

in der Vorstellung steif und rot, rissig und schrumpelig. Dazu kommt noch die psychische Anstrengung: so eng, mit so vielen Menschen ohne Rückzugsmöglichkeit zu leben. Mich wundert es nicht, dass es Zeiten gab, in denen zwei Mitglieder aus den verschiedenen Familien nicht miteinander sprachen und sich aus dem Weg gingen, so gut man das auf einer Insel dieser Größe kann. Mich wundert eher, dass die Bewohner sich so gut arrangieren konnten – und die Insel nicht Schauplatz von Morden wurden. Auf jeden Fall sind nicht alle Menschen für das Inselleben gemacht. Das Haus, das uns Touristen heute als Heim dient, ist in den 1920er-Jahren für ein frisch getrautes Ehepaar gebaut worden. Die junge Frau vom Festland ist hier nie heimisch geworden, die Einsamkeit war für den Inselneuling zu groß. So zog die junge Familie an Land, wo die Frau Land erbte. Das Herz ihres Mannes, ein Kind der Insel, sagt Bob, wäre für immer auf der Insel zurückgeblieben.

Wie das Leben, das wirkliche, ganzjährige Leben auf der Insel war – davon kann Bob, der ehemalige Fischer und Besitzer der Insel, aus eigener Erfahrung erzählen. Und manchmal tut er das auch, in der ihm eigenen Art, so knapp wie präzise. Schließlich stammt von Bob der Satz: „Why use two words, if one will make it?" („Warum soll ich zwei Wörter verwenden, wenn es mit einem gesagt ist?") Über die Insel berichtet er: „We loved it as children, we hated it as teenagers." („Als Kinder haben wir die Insel geliebt, als Teenager gehasst.") Bob ist das elfte von zwölf Geschwistern. Die älteste Schwester lebt mit über 90 Jahren in den USA. Wie viele irische Familien ist auch diese in alle Winde verstreut. Von Amerika bis Australien. Bob aber hat sein Leben lang in Inselnähe verbracht. Warum er nie ausgewandert ist? „Weil es mir hier gutging. Ich habe gerne gefischt, gerne Schafe und Kühe gehabt, gerne Zwiebeln angebaut und auf dem Großmarkt in Dublin verkauft. Ich lebe gerne hier. Warum hätte ich weggehen sollen?" Bis er zur Schule musste, konnte Bob ganz auf der Insel bleiben, dann musste er unter der Woche zu seiner Oma ans Festland, wo auch die größeren Geschwister in der Schulzeit waren. Am Wochenende ging es auf die Insel zurück. Je älter die Kinder wurden, desto weniger gern kamen sie am Wochenende. Immer wartete Arbeit auf sie: säen, ernten, die Steinmauern, die die Felder umzäunten, instand halten, Werkzeuge pflegen, Kühe, Schafe versorgen, Zwiebeln, Möhren, Kartoffeln anbauen – „immer, immer", betont Bob, mussten die Kinder helfen. „The work is never done." („Die Arbeit ist nie fertig.") sagte Bobs Vater, wenn die Kinder murrten. Ein arbeitsreiches, einsames Leben, sagt Bob heute, hätten seine Eltern gelebt. Sonntags ruderte die Familie zur Messe – die einzige Abwechslung, die einzige Pause im Inselalltag. Das Leben war hart und arbeitsam und ungefährlich war es auch nicht. Als wäre es gestern gewesen, kann Bob von der Nacht erzählen, als er zusammen mit seinen Brüdern seinen verletzten Vater an Land gerudert habe, jede Einzelheit weiß er noch. Der Vater hatte sich abends den Arm gebrochen, und die Söhne brachten ihn zum Arzt. Für solche Notfälle wurde tagsüber eine Flagge an der Südspitze gehisst, damit an Land die Botschaft ankam, dass den Inselleuten oder einem von ihnen etwas zugestoßen war.

Bob kommt!

Manchmal bringt Bob Mitglieder seiner großen Familie, Cousins ersten, zweiten, dritten Grades, aus der ganzen Welt mit. Wenn wir die weiße Antenne seines Fischkutters über den Klostermauern auftauchen sehen, setzen wir als erstes Teewasser auf. Man weiß nie, ob und falls ja, wie viel Tee gebraucht werden wird, dann laufen wir an den Strand, um beim Anlegemanöver des Ruderbootes zu helfen.

In einem Jahr kletterte unter anderen Tommy, sein jüngster Bruder, aus dem Boot. Tommy lebte in New York, wo er als Musiker arbeitete. Zehn Personen drängten sich bei Regen in unserer Küche, verbrachten einen spannenden Nachmittag, der Bruder hatte sein Akkordeon dabei, seine Gesangspartnerin begleitete ihn, und wir genossen irische Musik. Als Bob uns an diesem Tag seinem Bruder mit den Worten: „Bruno and Angela. Came as tourists. Friends now." Bruno und Angela. Früher Touristen, jetzt Freunde - vorstellte, schoss heiße Freude in mir auf. Ein bisschen fühlte ich mich wie geadelt. Denn auch wir hatten Bob, der sich rührend um uns kümmerte, schnell in unser Herz geschlossen. An langen, trägen Sommernachmittagen gesellte er sich manchmal zu mir an den Strand. Sprach, wortkarg und pointiert, ab und zu einen Satz. Über das Inselleben von früher. Wenn sich eines der riesigen Containerschiffe von oder auf seinem Weg nach Amerika am Horizont durch das Bild schob, kommentierte er stolz und garniert mit Episoden aus seiner Lotsenzeit an Bord dieser Riesen ihre Aus- oder Einfahrt in den Hafen von Fenit. Unvergessen ist, wie es an einem besonders stürmischen Tag abends gegen neun an der Tür klopfte. Als wir öffneten, schlug uns der Regen ins Gesicht, den Bob ebenso mitgebracht hatte wie die schwere, große, rote Gasflasche für den Boiler in der Dusche. „You may need it. The forecast is about heavy rain from the mountains. Bye now." („Ihr könntet das vielleicht brauchen. Schwerer Regen von den Bergen ist angesagt.") Und weg war er.

Tommy, der Musikerbruder aus New York, war es auch, der Bob selbst zur Musik brachte. Mit Mitte 60 fing Bob an, Akkordeon zu lernen. Schon fünf Jahre später flog er nach Portugal, um an einem Festival teilzunehmen. Manchmal kommt Bob heute auch selbst bei gutem Wetter mit seinem Akkordeon auf die Insel, versammelt uns alle im Hof und spielt Folk für uns. Versunken und stolz.

Stolz war Bob auch immer auf seine Inselkühe. Als die Kinder klein waren, hat er jedes Jahr mindestens einmal darauf bestanden, dass sie auf seine Inselkühe kletterten, um zu reiten - und darauf, dass wir die Kinder auf seinen zahmen Reitkühen sitzend fotografierten.

Heute kommt außer Bob auch noch ein freundlicher Schäfer auf die Insel. Als Bob zu alt wurde, um Kühe auf seiner Insel weiden zu lassen, hat er dem Schäfer die Insel verpachtet.

1953 gaben Bobs Eltern, die seit den 1920-Jahren die Insel alleine bewohnten, das harte Leben als Inselfarmer auf, kehrten Illauntannig den Rücken und siedelten am Festland. Seitdem war das Eiland aufgegeben. „It's only a rock outside", („Das ist nur ein Fels da draußen"), sagten viele Menschen, auch die Geschwister von Bob, dem die Insel zugefallen war. Anfang der 1990er-Jahre hatte er die Idee, das Haus an Touristen zu vermieten. Er richtete es etwas her und ein – und annoncierte es in einigen Ferienhauskatalogen. Darin fand es die Mitarbeiterin eines Bonner Reisebüros, reiste auf die Insel, war begeistert und versuchte diese Begeisterung an ihre Kunden weiterzugeben. In unserem Fall ist ihr das mehr als gelungen!

Inselgeschichten

Geschichten in jeder Form machen einen Großteil unseres Insellebens aus. Hier ist zum Beispiel Zeit, Geschichten zu erfinden, in denen alle Worte vorkommen müssen, die jeder beisteuert. Zeit zu lesen – und auch Zeit, vorzulesen. Was zu unseren Lieblingsbeschäftigungen zählt und was wir schon getan haben, als wir noch keine Kinder hatten. Überall, nicht nur auf der Insel. Aber auch hier. Immer Bücher, die mit den Orten, die wir besuchten, zu tun hatten, in Paris ein Marais-Krimi, in New York Paul Auster, in Irland Heinrich Böll. Das haben wir weitergeführt, als die Kinder ganz klein waren, und als sie größer wurden, durch Kinder- und Jugendbücher ersetzt.

Das Vorlesen ist fest in unsere Tagesroutine eingebaut, vorgelesen wird beispielsweise immer während des Abspülens. Aber die Bücher wandern auch, vor allem an den spannenden Stellen, an denen alle wissen wollen, wie es weitergeht, mit uns über die Insel. Gluckersteine, Sandstrand, Samtgras, überall bevölkerten die Figuren, die sich gerade zu uns gesellten die Insel, und die Dramen, die sie erlebten, nahmen vor unseren Augen ihren Lauf. Gemeinsam haben wir so viele, viele Abenteuer erlebt. Gemeinsam den Atem angehalten, wenn es zu spannend wurde, gemeinsam geschmunzelt oder uns mit lautem Lachen gegenseitig angesteckt.

Beim Vorlesen öffnen sich unsere Herzen und gießen sich in einen neuen Raum, den Raum zwischen uns. Und manchmal passieren die erstaunlichsten Dinge dabei. Etwa, als wir Roddy Doyle gelesen haben, einen irischen Autor von Romanen, Kinder- und Jugendbüchern. Beim „Großen Giggler-Geheimnis" konnten die Kinder keine Pause tolerieren. Ich war entspannt und ausgeruht, so las ich zwei, drei, vier Kapitel. Aber wann immer ich Anstalten machte, einen Punkt zu setzen, gab es Proteste. Weiter, weiter, skandierten die Kinder. Die Giggler sind wirklich sehr lustig, okay, zwischendurch ziemlich abgedreht. Die Hartnäckigkeit der Kinder bescherte uns einen gigantischen Lach- und Leserausch, der erst mit der allerallerletzten Seite endete. Viel gelacht haben wir auch mit „Nennt mich nicht Ismael" von Michael Gerard Brauer. Traurig-komisch, zum Lachen und zu Tränen rührte uns „Wie ich zum besten Schlagzeuger der Welt wurde – und warum ..." von Jordan Sonnenblick. Und der Ire Roddy Doyle kann auch ernst. Sein Jugendroman „Wildnis" ließ uns kapitellang den Atem anhalten. Auch dieses Mal war an Unterbrechen selten zu denken. Erst wenn wir uns von Dichte und Spannung erholen mussten, konnten wir von den Büchern/den Worten lassen. Was wir auf diese Weise vorlesend gemeinsam durchlebten, bleibt wie eine gemeinsame Erfahrung. So als hätten wir als Familie ein Abenteuer zusammen durchgestanden!

Manchmal kletterten die Figuren aus den Büchern heraus, saßen mit am Tisch, tauchten als Anspielungen in unseren Gesprächen auf oder schlichen sich in die Bilder, die wir malten. Sie wurden natürlich nachgespielt und selbst inszeniert. Wofür manchmal nicht mal die Kulisse geschaffen werden musste, weil sie schon da war. Sehr oft waren die Bücher wie ein Kommentar zu dem, was wir als Familie gerade erlebten oder womit die Kinder in ihren Leben gerade konfrontiert waren. Gerade für die Jungs gaben die Helden der Geschichten dem, was sie selbst erlebten, Worte. So konnten sie anknüpfen bei den Helden und von sich selbst erzählen. Von manchem Schulkummer, von mancher Herzenslast hätten wir sonst nie erfahren!

Manchmal wurden die Geschichten zu neuen Episoden, die dann in unsere Familiengeschichte Einzug hielten und wieder und wieder erzählt werden.

Wie in dem Jahr, als wir „Glennkill" von Leonie Swann lasen. Einen charmanten, witzigen und anrührenden Schafskrimi, aus der Sicht der Tiere erzählt. Mit einem Schäfer, der seinen Schafen Liebesromane vorliest oder aus einem Buch mit Schafskrankheiten. Mit Blick auf die Inselschafe fühlten wir uns, als säßen wir in den Kulissen dieses Krimis selbst, sähen Othello, Miss Maple und auch das Winterlamm unter den Inselschafen. Was haben wir gelacht, als wir in jenem Jahr plötzlich den Kleinen einen Stuhl auf die Wiese schleppen sahen, ein Buch unter dem Arm. Hatte er vor, wonach es aussah? Er hatte. Mitten auf der Wiese angekommen, stellte er den Stuhl auf, setzte sich, klappte sein Buch auf (passenderweise hatte er Dr. Doolittle, die Geschichte von dem Arzt, der alle Tiersprachen spricht, ausgesucht) und las mit lauter Stimme vor. Dreimal drehten die Schafe ihm ihre großen Hinterteile zu, dreimal zog er mit Buch und Stuhl hinterher. Dann kam er frustriert zurück. Zum Glück konnte ihn trösten, dass irische Schafe wohl nur Englisch verstehen, solange sie in der Schafschule noch kein Deutsch hatten.

Viele dieser Vorlesestunden haben wir am Feuer verbracht. Drinnen und draußen. Wobei Feuer am Strand nicht oft möglich sind, meistens weht der Wind zu stark. Die Abende, an denen es möglich war, gehören zu meinen schönsten Erinnerungen, wenn die Flammen, während wir vor dem Wind eng zusammenrücken, auf geheimnisvolle Weise das Holz zu aufsteigendem Rauch verwandeln.

feuer

Inselabenteuer mit Tieren

Kormorane gucken, bis die Flut kommt

Eines Morgens aber wurden wir wach – und die Kühe waren weg! Endlich fanden wir sie auf der „Spinatinsel". Wie waren sie dorthin gekommen? Und: Wie sollten sie von dort zurückkommen? Wir warteten Flut um Ebbe, Ebbe um Flut. Die Kühe grasten weiter glücklich auf der Spinatinsel. Die wir, wie die „Vogelinsel" wegen der vielen Vögel dort, so nennen, weil es dort, solange die Schafe noch nicht auf ihr grasten, unendlich viel wilden Spinat zu pflücken gibt. Irgendwann stand ich im Bad, schaute vom Zähneputzen hoch – und sah, dass sich die Kühe eine nach der anderen am Sandstrand der Spinatinsel sammelten. Merkwürdig! Ich machte meinen

Mann auf das Phänomen aufmerksam. Später, nach dem Essen, stand mir der Sinn nach einer Inselrunde. Doch ich kam nicht weit. Am Strand angekommen, rief ich: „Die Kühe! Die Kühe! Die Kühe kommen!!!" Mein Mann hörte mich im Haus schreien, stürzte herbei. Also standen wir zusammen, als wir lernten: Kühe können schwimmen. Und das ziemlich gut und schnell.

So unerfahren ich im ersten Jahr mit den Tieren war, so unbedarft waren wir mit den Gezeiten der Insel, nicht einmal eine Gezeitentafel hatten wir. Sorglos wechselten wir auf die bei Ebbe zugänglichen Inseln, ohne wirklich auf Ebbe und Flut zu achten. Besonders angetan hatte es uns die schroffe „Vogelinsel" mit ihren vielen Gesichtern. Hunderte von Kormoranen lebten dort. Stundenlang konnte ich, mit einem Fernglas ausgerüstet, diesen anmutigen, langhalsigen Tieren zuschauen. Wie sie ihre Jungen fütterten, ins Wasser tauchten oder pfeilgerade, parallel zur Wasseroberfläche, langgestreckt flogen. Wir saßen auf den Klippen und schauten und schauten. Die Zeit versank um mich. Wie viel Zeit vergangen sein musste, merkte ich an meinen versteiften Gliedern, als ich aus meinem Kormorankino wieder auftauchte. Nach dem Abstieg wieder im Übergang zur Hauptinsel überfiel mich siedendheiß eine banale Erkenntnis: Zeit heißt hier immer *Gezeiten*. Während wir die Zeit vergessen hatten, hatten die Gezeiten ihre Zeit erfüllt. In diesem Fall hatte die Flut stoisch geflutet. Wo Stunden zuvor noch eine breite Furt gewesen war, war jetzt nur noch eines: Wasser, aus dem hier und da kleine Felsspitzen ragten. Auch die Segelkleidung konnte uns auf dem Weg zurück nicht retten. Erst lief mir das Wasser in die Stiefel, dann in den Bund der Latzhose, trotz darüber gezogener Jacken, dann setzte noch Regen ein. Von Kopf bis Fuß, vor Süß- und Salzwasser triefend, wateten wir durch die Fluten, quatschten unsere Füße in den nassen Stiefeln über die Insel ins Haus, wo wir der Nässe und der Kälte Herr zu werden suchten.

Ich habe ein Ei gesehen, das wackelt und oben kommt was Spitzes raus

„Mama, ich habe ein Ei gesehen, das wackelt und oben kommt was Spitzes raus.“ Es gibt Sätze im Leben, die man nie vergisst! Dieser hier gehört dazu. In heller Aufregung kam unser jüngster Sohn, gerade ein Kindergartenkind geworden, auf mich zugestürzt. Die Sommerferien lagen in jenem Jahr so früh, dass wir zur Brut- und Nestzeit der Vögel hier sein können. Sehr umsichtig muss man dann seine Füße aufsetzen. In den grauweißen Kieseln am Strand fallen zuerst die Eier, dann die nassen, frisch geschlüpften Küken so gut wie nicht auf. Wir übten mit den Kindern das überaus vorsichtige Gehen (und Schauen) in den Gebieten, in denen Vogelmamas brüten. Langsam und ganz leise müssen sie sein – was sie schnell lernen. Gerade piekte sich wohl ein kleines Wesen ins Leben. Zusammen laufen wir zu seinem „wackelndem Ei, wo etwas Spitzes rauskam" zurück. Wir kamen noch rechtzeitig. Mit angehaltenem Atem beobachteten wir, wie das Ei nach und nach aufbrach und das nasse Küken schließlich völlig erschöpft dalag. Nackt und schutzlos. Ausgeliefert. Und doch umgeben von etwas, das es einhüllt und beschützt. Etwas Heiliges war mitgeboren. Von Ehrfurcht erfüllt gingen wir zurück.

Magisch wurden wir weiter an das Nest gezogen. Aus respektvollem Abstand sahen wir auch das Geschwisterküken am nächsten Tag schlüpfen. Was für ein Unterschied zu dem flauschigen Möwenknäuel, das innerhalb eines Tages aus dem nassen, erschöpften, schwer atmenden Etwas geworden war. Über Nacht hatte es sich in eines dieser kleinen, munteren Tierchen verwandelt, die in Windeseile groß werden. Schon drei Wochen später sieht es aus, als machten sie kleine, geordnete Kindergartenausflüge, wenn sie zusammen zu einer Wasserpfütze zum Planschen ziehen. Nur kleine Rucksäcke und gleichfarbige Basecaps fehlen.

Das schlüpfende Möwenkind gehört zu den ganz besonderen Abenteuern. Wobei manches gar nicht mehr als Abenteuer wahrgenommen wird: der Seehund, unser „Resident Seal", der mit seinen Kameraden unweit auf einem Felsenriff lebt, kam in den Jahren so oft, dass die Kinder kaum die Köpfe am Strand heben, wenn er vorbeischaut. Aber wir haben auch Stunden damit zugebracht zuzuschauen, wenn er abtaucht, und Wetten abzuschließen, wo er wieder auftauchen wird. Manchmal ist er ganz nah – und plötzlich taucht er eine weite Strecke und man muss schnell sein, um ihn nicht aus den Augen zu verlieren. Ich wollte in Ruhe schwimmen und meine Ausdauer trainieren. Nach einer Stunde sollte mein Mann mir vom Strand aus ein Zeichen geben.

Mein Mann spielte mit einem Kind, die beiden kümmerten sich nicht groß um mich, ich schwamm glücklich vor der Insel auf und ab. Auf einmal aber bedeutete mir mein Mann durch energische Zeichen mit der Hand, ich solle an Land kommen. Ich wunderte mich zwar, die vereinbarte Stunde Schwimmzeit konnte noch nicht vorbei sein, gut, ich schwamm an Land. Und merkte, dass mein Mann mich kaum aus den Augen ließ, und zudem noch irgendetwas hinter mir mit den Augen fixierte. Eine plötzliche Unruhe ergriff mich – worauf schaute er? Was gab es da hinter mir? Abrupt wendete ich den Kopf. Und sah unmittelbar in zwei riesige dunkle Augen. Der Seehund folgte mir auf kaum zwei Meter Abstand. Ich schrie zu Tode erschrocken auf und versuchte hektisch aus dem Wasser zu kommen. Deshalb also die Zeichen von meinem Mann! Eine ganze Weile wohl war er schon neugierig hinter mir hergeschwommen. Und mein Mann versuchte vom Strand aus alles, dass ich den Seehund nicht entdeckte. Bei meiner Unerfahrenheit mit Tieren war er voller Sorge, ich könnte mich so erschrecken, dass ich in Panik gerate. Diese Vermutung war so falsch nicht, in der Tat sitzt der Schreck tief bei mir. Tage später, als Bob kommt, erzähle ich ihm immer noch ängstlich von meiner unheimlichen Begegnung, die er lakonisch kommentiert: „I never heard about a seal-attac." („Ich habe noch nie von einem Seehundangriff gehört.")

So nah ist der Seehund auch nie wieder herangekommen. Aber immer wieder kam er, sobald ich mich etwas vom Strand ins Tiefe löste, und begleitete mich neugierig.

Delfinalarm

Einige Jahre hatten wir davon gehört, doch noch nie hatten wir sie selbst zu Gesicht bekommen: Delfine. Freunde waren für eine Woche zu Besuch gekommen. Ihnen und ihren Kindern wollten wir Frau Mahlzahns Höhle zeigen. In dem Moment, als wir die äußersten Felsen der Vogelinsel betraten und Frau Mahlzahn unter uns fauchte, geschah es. Majestätisch und voller Anmut zogen Delfine am Horizont vorbei. Wie auf ein geheimes Kommando verstummten wir. Der Kleine, damals Grundschulkind und so verrückt nach Delfinen, dass er zu jener Zeit in Delfinbettwäsche schlief und in den Armen einen riesigen und fünf kleine Delfine hielt, stand hinter mir. Plötzlich drückt er mir weinend seinen Kopf in die Schulter: „Mama, ich kann nicht glauben, dass *ich* so etwas Schönes sehen darf." Dies war seine erste Erfahrung, dass uns auch Schönheit weinen lassen kann.

Was auch immer das Geheimnis dieser Tiere sein mochte, während sie so anmutig durch die Wellen tauchten, sie zogen unsere Augen magisch auf sich.

Auch für mich war es das erste Mal, dass ich Delfine in freier Wildbahn erlebte. Sie zogen mitten durch mein Herz, berührten eine tiefe Sehnsucht. Sie weckten oder hinterließen die Ahnung, dass alles gut ist, wie es ist. Aber sie forderten mich heraus: Wenn doch alles gut ist, konnte ich dann nicht auch unser Leben zu Hause entspannter angehen? Eine Aufgabe. Bis heute.

Es war, als wäre ein Bann gebrochen. Kein Jahr seitdem, in dem nicht irgendein „Delfinalarm“ ausgerufen worden wäre. Alle lassen alles stehen und liegen und laufen zu der Stelle, wo die Tiere gesichtet worden sind. Im vergangenen Urlaub zogen so viele Delfine durch unsere Bucht, dass es unmöglich war, sie zu zählen. Später erfuhren wir: Es war eine ganze Delfinschule. So wird eine Gruppe von Delfinen genannt, wie bei dieser, in unserem Fall von 70 Tieren!

Schafe retten

An die hundert Schafe grasen hier, seitdem Bob seine Insel an einen Schäfer verpachtet. Und wenn der Schäfer kommt, dann lernen unsere Kinder Schafe scheren, Schafe impfen – und Schafe einschiffen. Ein Jahr habe ich auch bei der Schur geholfen. Bis ich ein Schaf verletzte. Die Schäfer haben nur gelacht, das sei nicht schlimm, aber ich fand, dass kein Schaf mehr unter meinen ungeübten Händen leiden sollte.

Tiere – ob Kühe oder Schafe – verschiffen ist in unserer ansonsten so technisierten Welt ein ganz archaisches Abenteuer, das uns unsere Ferien beschert. Schafe verschiffen ist zwar nicht ganz so aufwendig wie Kühe aufs Meer bringen. Aber beides geht nur mit großem Aufwand und unter großem Einsatz. Es geht überhaupt nur, weil es hier Bretterverschläge gibt, die auf großen Pontonfässern schwimmen und so, hinter dem Fischkutter hergezogen, die Reise ans Pier bewältigen. Was bedeutet, dass Kühe und Schafe bewegt werden müssen, in diese schwimmenden Kästen zu klettern. Das geht nur mit vielen Disteln schwingenden und „Ho! Ho!" schreienden Menschen und ist jedes Mal ein großes Spektakel und Abenteuer.

Auch wenn uns die verschiedensten Tiere in Atem halten, bringen sich die Schafe besonders oft in eine schwierige Lage, auf sie lauern besonders viele Gefahren: Moorlöcher, Maschendrahtzäune und Felsen am Meer. Es ist erstaunlich, wo wir die wolligen Unglücksraben überall zu finden bekommen. Meistens kommt ein Kind mit der Nachricht gelaufen: „Papa, Papa, komm schnell. Du musst wieder ein Schaf retten." Das Moorloch an der Südspitze der Insel ist heute trockengelegt. In den ersten Jahren wurde es von Saison zu Saison morastiger und größer. Einmal darin eingesunken, hatten die Schafe kaum eine Chance, sich selbst zu befreien. Für meinen Mann war es auch nicht leicht, ihnen zu helfen. Die Kinder waren noch zu klein dazu. So blieb ihnen und mir nur die Zuschauerrolle, während mein Mann versuchen musste, nicht selbst im Sumpfloch einzusacken. Um dann das Schaf so zu fassen zu bekommen, dass er nicht umkippte und das Schaf noch hochziehen konnte. Nach mehreren Anläufen gelang es ihm meistens, und wir strahlten. Über die gelungen Schafsrettung und darüber, einen Helden in der Familie zu haben.

Einige Mauern in Hausnähe sind mit Maschendraht umwickelt. Wind und Wetter sorgen dafür, dass hier nichts für die Ewigkeit gebaut ist. Der Maschendraht jedenfalls beulte einmal so aus, dass es immer größere Spalten zwischen Mauer und Draht gab. Es war nur eine Frage der Zeit, bis das erste Schaf hineinfiel. Als es so weit war, kam wieder ein Kind angerast, und mein Mann rückte aus. Der Große war als Beinahe-Teenager schon kräftig genug – gemeinsam befreiten „die Männer" das Schaf.

Laufen durfte es aber erst nach einer längeren, lauthals von meinem Mann vorgetragenen „Nun-siehst-du-was-passiert-wenn-manauf-Mauern-klettert-also-mach-das-nie-wieder-Strafpredigt". Die Kinder lachten erleichtert schadenfrohe Tränen: Das musste wirklich mal gesagt werden!

Selbst im jugendlichen Alter kommen die „Kinder" jedes Mal in heller Aufregung angestürmt und verkünden: „Da draußen sitzt ein Schaf auf einem Felsen im Meer." Mein Mann, zwei große Kinder, ich werde als Fotografin geordert, machen sich auf zu einer „Major Sheep Rescue", zu einer groß anlegten Schafrettung, wie der Schäfer es später nennen wird. Seile suchen, Schwimmsachen und Wasserschuhe anziehen und los. In der Tat: An der Ostseite stand ein verängstigtes Schaf auf einem komplett von Wasser umgebenen Felsen. Wie auch immer es dort hingekommen war – wie sollte es nur je wieder herunterkommen? Die Große schwamm so beherzt wie vorsichtig hinter den Felsen und kletterte leichtfüßig hinauf. Sie kauerte sich hockend ans untere Ende, um dem Schaf die Gelegenheit zu geben, sich an sie zu gewöhnen. Unterdessen diskutierten Mann und Sohn lautstark, wie wohl das Schaf mit dem Seil am besten eingefangen werden könnte. Beide können anpacken und beide haben auch immer viele Ideen, wie man anpacken kann. Nur das Teamwork zwischen ihnen könnte besser sein. Schließlich schwamm auch der Sohn mit dem Seil zum Felsen, kletterte nicht ganz so leise hinaus. Schon flüchtete sich das Schaf furchtsam auf die äußerste Felsenspitze. Beide scheuchten es ins Wasser, wo es schnurstracks und beeindruckend schnell an Land schwamm.

Nicht alle Schafsabenteuer gehen gut aus, und manche Schafe verenden elendig vor unsere Augen. Tag für Tag bringen die Kinder ihnen dann Wasser oder Rescuetropfen aus Bachblüten – die haben wir immer dabei. Und weinen bitterlich um jedes verlorene Schaf. Doch nicht nur Tiere geraten auf der Insel in Gefahr. Wir Menschen auch.

Inselgefahren für Menschen

Sich vor dem Hai verstecken

Bob, den erfahrenen Fischer, bringt auf dem Meer so schnell nichts aus der Ruhe. Aber in einem Jahr kam er auf die Insel und war von seinem Vortageserlebnis regelrecht gezeichnet. Zum Fischen hinausgefahren, hatte er Todesängste ausgestanden. Ein Walhai war in den Gewässern um die Insel unterwegs. Walhaie sind die größten Fische, die es gibt. Sie werden 12 bis 15 Meter groß. Doch nicht einmal Fische müssen sich vor ihm fürchten, denn er ernährt sich ausschließlich von Plankton. Völlig ungefährlich also. Eigentlich. Doch dieser Walhai hatte sich in dem Seil, an dem das Ruderboot hinter dem Schiff hergezogen wird, verfangen. Er geriet in Panik, schlug mit seiner Schwanzflosse um sich und schickte sich an abzutauchen. Dabei hätte er unweigerlich Fischkutter und Ruderboot mit sich in die Tiefe gerissen. Geistesgegenwärtig riss Bob ein sehr scharfes Meer aus dem Bordwerkzeugkoffer und schlug mit einem Hieb das Seil durch. Der Schwanz des Tieres zerstörte das Ruderboot und selbst die stabile Reling des Kutters trug tiefe Kerben davon. Bob aber konnte, mit zitternden Knien, das Festland ansteuern und sich von Bord helfen lassen. Diese Geschichte erzählte Bob uns am folgenden Tag, als er meinen Mann und die Kinder zum Fischen abholte. Da ich dabei nie mitfahre – Bob war es schnell leid, dass ich auch auf den kürzesten Strecken seekrank werde – erfuhr ich die Fortsetzung der Geschichte erst später. Meine Familie und Bob trauten ihren Augen nicht, aber der Walhai war zurückgekommen. Als der Kleine das riesige Tier auf sich zukommen sah, ließ er sich schnell platt auf den Schiffsboden fallen. Und dabei verkündete er: „Damit der Hai mich nicht sieht."

So hat aber nicht nur der Hai ihn nicht, sondern auch er natürlich den Hai nicht sehen können. Das haben wir dann nachgeholt, als

er später mit mir zusammen die Fotos bewunderte, die mein Mann an diesem Tag machte – Fotos von einem ungeheuren Schatten im Wasser, der vor dem Kiel des Kutters anfängt und an seinem Bug lange nicht aufhört.

In einer Sturmflut verloren gehen

In einem anderen Jahr geriet der Große in Gefahr, in unaussprechliche Gefahr. Es gibt einiges auf der Insel, wovor ich immer Angst habe. Die Regenwassersammelbecken zum Beispiel. Fiele da ein Kind beim Spielen unbemerkt hinein, niemals käme es die glatten Wände wieder alleine heraus. Die Klippen, die Bodenlöcher, die Höhlen, Spiele mit Steinen, die eine falsche Flugbahn erwischen … Die Insel zeigt viele Gesichter, die mein Mutterherz in Alarm versetzen. Aber an dem Tag, als wir den Großen fast verloren hätten, war sie ohne Arg.

An einem Sturmtag hatten wir es in den Nachmittag geschafft. Mein Mann, der oft von Migräne gequält wird, lag oben im Schlafzimmer und wartete auf Linderung, während der Sturm den Regen auf das Haus drückte und ich mir mit den Kindern ein Drinnenprogramm aus Backen und Spielen ausdachte. Am Nachmittag hellte der Himmel auf. Der Regen machte eine Pause, der Wind nahm jedoch an Heftigkeit weiter zu. Ich packte mich in den Neoprenanzug und die Kinder in ihre Regensachen, zog ihnen ihre wunderbaren Anglerhosen an. Was hatte ich mich gefreut, als wir diese im Internet in Skandinavien fanden. Vorher hatte es immer Konflikte am Wasser gegeben, die Wellen spritzen allzu schnell in die niedrigen Kindergummistiefelchen, es half auch nichts, Matschhosen drüberzuziehen. Für nackte Füße war es bei den ausdauernden Strandspielen oft zu kalt. Da erschienen diese Kinderanglerhosen perfekt. Ein paar Jahre lang waren sie eine großartige Lösung, weil die Kinder nun so lange am Wasser sein konnten, wie sie wollten, ohne in Gefahr zu geraten, krank zu werden. Bis zu jenem Sturmtag.

Wir liefen am Strand entlang, genossen es, dem Haus entkommen zu sein, als es passierte. Eine riesige Welle schlug auf. Nicht neben, nicht vor, nein, über uns. Ich hatte den Kleinen fest an der Hand, aber der Große war vom Wasser verschluckt. Ich wusste, ich kann nur ein Kind auf einmal tragen, so raste ich mit dem Kleinen den Strand hinauf. Wo plötzlich, wie ein Wunder, mein Mann stand. Später würde er sagen, im Bett liegend hätte er plötzlich das unaufschiebbare Gefühl gehabt, sofort an den Strand zu müssen. Ich warf meinem Mann den Kleinen in die Arme und stürzte dem Großen nach. Sicher waren die Wellen jetzt drei-, viermal über ihm hergegangen. Was hatte er wohl gedacht, als ich ihn dem Wasser überließ und den Strand hinauf, also von ihm weg, lief? Das Wasser war ihm in die Anglerhose gelaufen, wie ein Brett war er vorneüber gekippt – und liegen geblieben. Ein Glück hatte ich ja, aus was für einer Laune auch immer, den Neoprenanzug angezogen. Denn auch für mich war das Hose-Kind-Paket viel zu schwer, um es aus dem Wasser ziehen zu können. Ich tauchte, löste die Schnappverschlüsse des Latzes und zog das Kind aus der Hose. Es war ihm nichts passiert, aber natürlich hatte es einen Schock. Wie wir waren, stellte ich uns unter die heiße Dusche. Den Rest des Nachmittags verbrachte ich mit meinem Jungen im Bett. Dort blieben wir bis zum Abend liegen, bis er wieder warm geworden war und lachen konnte.

Nur kurz angeln gehen

Nichts konnte mich auf den Nachmittag vorbereiten, an dem ich völlig verwaist auf der Insel zurückblieb. Es war ein wunderschöner Vormittag gewesen. Mein Mann und die Kinder waren schon zu Beginn der Sommerferien auf die Insel gefahren, ich hatte noch zwei Wochen länger in Deutschland gearbeitet und war ihnen dann gefolgt. Alle waren ein eingespieltes Team, das Haus blitzte, als ich ankam. Wir freuten uns auf- und aneinander. Es war der dritte oder vierte Tag nach meiner Ankunft. Ich hatte Pfannkuchengesichter zum Mittagessen gemacht und mich daran erfreut, wie leicht sich die Liebe durch Essen in die Kinder gießen lässt und am Tisch als Lächeln und in leuchtenden Augen aufscheint.

So gesättigt, verlangte es den Ältesten nach Taten. Er quengelte so lange an meinem Mann herum - unbedingt! wollte er angeln gehen -, dass dieser schließlich das Schlauchboot holte und die Kinder einpackte. „Aber nur bis zur Boje direkt vor der Insel. Da machen wir fest", bremste er die Abenteuerlust des Jungen. Die Boje lag keine 50, vielleicht nicht mal 30 Meter vor der Spinatinsel. Wir vereinbarten, dass ich noch etwas lesen und dann nachkommen, nachschwimmen würde. So genoss ich die Mittagsruhe und vertiefte mich in mein Buch. Ich konnte nicht aufhören und las es bis zum Ende. Eine knappe Stunde wird vergangen gewesen sein. Dann zog ich mir Badeanzug und Schwimmschuhe an, stapfte nach draußen, spähte nach dem Schlauchboot. Doch da war - nichts. Vor mir lagen nur das Meer und die Wellen. Die Information drang nur langsam in mein Hirn: Da - ist - nichts. Jedenfalls nichts an der Boje, nichts am Sandstrand. Nichts auf dem Meer vor mir, nichts rechter Hand, nichts linker Hand. Überall das gleiche Bild: kein Mensch zu sehen. Hatte ich zu lange gelesen? Vielleicht hatten sie gewartet und sich jetzt versteckt, um mich zu ärgern? Vielleicht war ihnen langweilig geworden und sie waren aufgebrochen zur Vogelinsel. Aber dann müsste das Schlauchboot doch hier sein. Und warum ist keiner am Haus vorbeigekommen, um zu fragen, ob ich mitwolle? Und: Mit dem Boot könnten sie niemals zur Vogelinsel. Was, um Himmels willen, war hier los? Ich lief auf die Westseite. Nichts. Ich lief einmal um die ganze Insel. Nichts. Wohin ich auch lief, überall waren das Meer und ich. Nicht der Hauch eines weißtürkisgrünen Schlauchbootes, weder mit noch ohne Besatzung. Panik stieg in mir auf.

Die ich mir sofort verbot. Was sollte denn passiert sein? Es würde eine Erklärung geben. Es musste eine Erklärung geben! Atmen, die Vernunft regieren lassen. Wie oft bin ich schon in Panik geraten, wegen nichts und wieder nichts. Immer gab es eine einfache, überaus simple Erklärung, die mein blockiertes Hirn vor lauter Panik nur nicht denken konnte. So würde es dieses Mal auch sein, so musste es dieses Mal auch sein. Einerseits. Andererseits aber: Wo waren sie nur alle? Das Boot ist wie vom Erdboden verschluckt. Was sollte ich tun?

Mein Mann kann durchaus ungehalten sein, vor allem, wenn man überflüssige, unnötige Dinge tut, erst recht, wenn man Menschen unnötig belästigt. Wenn ich die Seenotrettung umsonst bemühte, würde es mir wohl lange vorgeworfen. Ich zwang mich wieder zur Ruhe. Lief zurück, um ein Fernglas zu holen. Mal kopflos, mal betäubt drehte ich eine weitere Inselrunde. Dann, plötzlich, war mir egal, ob ich mich lächerlich machte, weil ich mich, mal wieder zu viel, zu früh gesorgt hatte, mal wieder meinem Katastrophenkopfkino, das so leicht ausbricht, keinen Einhalt geboten habe. Was, wenn die drei da draußen ertrinken? Jetzt erlaubte ich mir zu denken, was ich die ganze Zeit, höchst vernünftig und reflektiert, vermied. Stürmte ins Haus, suchte das mobile Telefon, das Bob uns für Notfälle überlässt. Das hier war ein Notfall! Nervös und ungeübt, ich besitze kein Handy, können meine Finger die Nummer nicht wählen, erst der fünfte oder sechste Versuch gelang. Ich hatte seltenes Glück: Bob war zu Hause. Er blieb ruhig, doch ich hörte den Alarm in seiner Stimme. Er werde „The Divers", die Taucher, anrufen. „Die Taucher" sind eine Tauchschule, die in der Gegend so etwas wie die informelle Seenotrettung übernehmen. Von der Inselspitze sah ich das Schnellboot kommen. Wie im Film ging es weiter, das Boot steuerte den Strand an. Mir wurden knappe, präzise Fragen gestellt. Wie viele Menschen? Wohin unterwegs? Womit unterwegs? Seit wann unterwegs? Wann zuletzt gesehen? „Stay quiet" („Bleiben Sie ruhig") und sie waren abgedreht. Mir rasten jetzt die Gedanken durch den Kopf, wild durcheinander poppten Gedanken auf wie: Die Kinder haben sich so sehr über die Pfannkuchen gefreut! Es ist mir immer noch unerklärlich, aber die Freude darüber, dass wir beim Auseinandergehen so glücklich waren, war voller Trost. Übergangslos, so wie sich Traumbilder ohne Sinn und Verstand ablösen, sah ich mich ohne Mann und Kinder die Rückreise antreten. Ich stand vor einem Richter, musste mich verantworten („… aber mein Mann war ein erfahrener Segler, … aber es waren doch keine 50 Meter"). Sinniges und Unsinniges polterten durcheinander, mein Gehirn gab nun keine Möglichkeit mehr frei, wo die drei sein könnten. Hinter der Spinatinsel wartet nur Amerika. Davor der offene Atlantik. Noch in der Woche, bevor ich nachkam, war hier ein Fischer ertrunken, der sich mit einem Fuß im Netz verfangen hatte. Das Meer scheint so harmlos und bringt so oft den Tod. Dann sah ich Bobs Fischkutter mit einer Geschwindigkeit über das Wasser fliegen, die ich noch nie gesehen habe. Er steuerte schnurgerade auf die Taucher zu. Die drehten schon wieder ab und kamen Bob entgegen. Spätestens jetzt war ich mir todsicher: Irgendwo haben sie die Leichen gefunden, das würden sie jetzt Bob mitteilen und dann zu mir kommen. Stattdessen steuerten sie nun zusammen ein Felsenriff weiter draußen an. Ich wusste, dass dort die Seehundkolonie war. Das rote Taucherboot bremste. Ein Mann sprang ins Wasser, kraulte zum Riff. Da. Dort bewegte sich irgendwas, erst sah ich, wie sich eine, dann drei Gestalten aus dem Felsenstein lösten. Das waren sie! Da waren sie! Sie lebten!!! Mein Kopf freute sich. Mein Herz würde noch Tage in lähmender Todesangst verklebt sein.

Zwanzig Minuten später bringt mir das rote Boot alle meine Liebsten nass, durchgefroren und blutend zurück. „Mama, Papa hat gesagt: Jetzt gibt es einen Knall, das Boot schlägt auf, es tut weh, und dann ist das Boot kaputt. Und dann gab es einen Knall, das Boot ist aufgeschlagen, es hat wehgetan und das Boot ist geplatzt", ist das Erste, was mir der Kleine entgegenschleudert.

Der Große mit seinen damals 11 Jahren wird erst später reden. Darüber, wie sie gekämpft haben, als sie die Boje, die doch so nah war, verfehlten und verfehlten, die Strömung sie einfach immer weiter wegtrieb. Wie der Papa sie erst gepusht hat, kräftiger und kräftiger zu rudern – und dann auf einmal gesagt habe: Das schaffen wir nicht. Das Einzige, was wir jetzt tun können, ist zu versuchen, das Riff anzusteuern. Dieser Plan war ambitioniert – aber er gelang. Und offensichtlich hatte mein Mann die Kinder die ganze Zeit orientiert, was sie erwartet, auch über den Knall, mit dem das Schlauchboot am Riff zerplatzen würde und über die blutigen Knie, die der Aufprall mit sich bringen würde.

Nur langsam haben wir uns alle von diesem Nachmittag erholt. Die Kinder erzählten immer wieder, wie groß die Angst war, wie kalt die Kälte bei den Seehunden, die unaufgeregt einfach neben den ungebetenen Besuchern liegen blieben, wie nass die Nässe, wie lange die Zeit, wie bang das Warten waren. Wie anstrengend es gewesen sei, die Schlauchbootreste hochzuhalten, damit vielleicht ein Schiff sie sehen könnte.

Es hat schier endlos gedauert, bis ich nicht mehr von der ersten Reaktion meines Mannes verletzt und verstört war. Der mir, noch nicht dem Rettungsboot entstiegen, empörte Vorwürfe machte. Wie ich denn nur, *so lange,* nichts hätte tun können? Sorglos die Insel genießen und sie ihrem Schicksal überlassen.

Ich wusste nicht, wie mir geschah. Da hatte ich, in Todesangst um sie, alles versucht, was mir möglich war, schließlich die Retter auf den Weg geschickt. Und dafür erntete ich jetzt Vorwürfe? Ich verstand einfach gar nichts. In meine Wiedersehensfreude mischte sich Zorn: Wer hatte denn die Situation so falsch eingeschätzt und unsere Kinder in Gefahr gebracht?

Langsam nur, der Prozess dauerte Jahre, sickerte die Erkenntnis zu mir durch, wie verschieden wir, je nach Perspektive und Standpunkt, ein- und dieselbe Geschichte erlebten. So, als hätten wir den gleichen Film mit zwei Kameras gedreht.

Ich lief herum, in meinem Kamerafokus nur das leere Meer. Versuchte meine Panik zu bezwingen, keine unüberlegte Kurzschlusshandlung gewinnen zu lassen, wie mal eben die Seenotrettung zu alarmieren und in diesen schlimmsten Stunden meines Lebens hatten die drei mit einer anderen Kamera einen völlig anderen Film gedreht. Sie konnten mich sehen und waren deswegen der festen Überzeugung, ich sähe sie auch. Da sie mich herumirren sahen, konnten sie nicht verstehen, warum ich denn, um Himmels willen, keine Hilfe holte. Sie froren, hatten Angst und blutende Knie. Und ich? Tat einfach – nichts.

Dass ich sie die ganze Zeit nicht sehen konnte, weil mir dort, wo ich saß, ein Felsen die Sicht versperrte, und dass ich, wenn ich herumlief, das weit entfernte Riff nicht in den Blick nahm, fiel ihnen im Traum nicht ein.

So waren wir auf beiden Seiten der Geschichte mit einem Nichts konfrontiert. Ich mit dem Nichts der gähnenden Leere, das Meer hatte sich in einen Abgrund verwandelt und meine Liebsten verschluckt, restlos. Dieses Nichts vor Augen, lief mein Gehirn Amok. Den Tod meiner ganzen Familie annehmend, projizierte es mühelos meine ganz persönliche Apokalypse. Die anderen waren dabei unfreiwillige Zuschauer, chancenlos, auch nur ein Bild meines Weltuntergangfilms zu sehen. Dabei waren sie es doch, die in höchster Not selbst zum Nichtstun verdammt waren und ich die Einzige, die sie erlösen konnte. Warum nur tat ich das nicht – sondern tat stattdessen – nichts?

Natürlich sind wir mit einem neuen Schlauchboot im darauffolgenden Jahr nur angeleint unterwegs gewesen. An einer 200-Meter-Leine, am anderen Ende am Strand immer ein Anker und eine festhaltende Person. Das war leicht zu lernen und umzusetzen.

Schwieriger war eine ganz andere, viel tiefere Einsicht: Der Standpunkt, in diesem Fall die beiden Perspektiven von der Insel oder vom Riff, in die wir gebannt, schlimmer, zu dem wir verdammt sind, lässt mir keine Wahl, wie ich das Drehbuch meines Leben schreibe. Die einzige Chance, die ich habe, die anderen zu verstehen, ist, ihre Filme, die sie mit ihren Kameras an ihren Positionen gedreht haben, anzuschauen und anzuhören. Mit offenem Herzen. Dann kann ich vielleicht erkennen, dass ihre Version desselben Momentes eine komplett andere ist als die meine. Und dass dies keine Frage von Schuld ist.

Im besten Fall verstehe ich dann, dass die anderen nicht aus Nachlässigkeit, Dummheit oder gar Bosheit so handeln, wie sie handeln. Sondern schlichtweg, weil sie in ihrer Perspektive und unter ihren Bedingungen nicht anders können.

Die Insel in Gefahr durch Menschen

Wenn Bobs weiße Antenne hinter dem Kloster auftaucht und sein Kommen ankündigt, ist die Attraktion groß. Seine Freunde, Verwandten oder Touristen, die ihn am Pier ansprechen, sind uns herzlich willkommen. Sie kommen für eine Inselrunde, einen Strandnachmittag oder auch einen Blick ins Haus. Auch Segler ankern oft nachmittags in der Inselbucht, sie kochen und essen dort und setzen mit einem Beiboot auf die Insel über. Surfer kommen vom Festland, Ruderer wollen das Kloster besichtigen - diese Besucher sind kein Problem für mich.

Mein Problem sind die Besucher, die sich wie eine Horde Wilder verhalten. Wenn das Wetter schön, das Wochenende lang oder gar noch ein „Bankholiday" ist - so nennen die Iren ihre Feiertage -, dann kann es passieren, dass Scharen von Besuchern auf die Insel kommen. Die im Kloster picknicken, feiern, dort ihre Geschäfte verrichten, die Einweggrills und allerhand ekelhafte Dinge hinterlassend. Einige Jahre bin ich, wenn ich es gar nicht mehr aushalten konnte, dorthin gegangen, habe versucht, an Respekt für das Kloster und die Vogelschutzzone zu appellieren. Nie war ich so wütend wie damals, als junge Burschen bebrütete Eier zerbrachen und mich schallend auslachten, als ich sie fassungslos damit konfrontierte. Ich weiß nicht mehr, ob sie das Maß vollmachten oder ob es die Jet-Skis waren, die mit jedem heulenden, knallenden Auftritt immer noch mehr Vögel von der als Vogelschutzgebiet ausgewiesenen Insel vertrieben. Irgendwann fixierte sich meine Aufmerksamkeit und ich schreckte schon auf, wenn ein Fischerboot am Horizont zu hören war. Mein Geist wurde immer enger, vor allem, als Bob klarstellte, dass er nichts gegen die Vandalen unternehmen könne.

Als wir uns am Ende jener Ferien fragten, ob wir im folgenden Jahr wiederkämen, sagte mein Mann – nur unter der Bedingung, dass mir nicht wegen der „Visitors", der ungebetenen Besucher, regelmäßig die Galle überlaufen würde. Da saß ich, kaute auf meiner Lippe herum und musste mir eingestehen: Das konnte ich nicht versprechen, zu sehr hatte ich mich in meine Ablehnung hineingesteigert.

So kam es, dass wir 2006, zum ersten Mal nach acht Jahren Sommerurlaub mit den Kindern auf Illauntannig, nicht auf die Insel fuhren. Sondern an einen sehr einsamen See im Astrid-Lindgren-Bullerbü Südschwedens. Wo wir schwammen, mein Mann mit dem Großen auf einer Insel im Freien übernachtete, Blaubeeren pflückten, zu Blaubeerpfannkuchen und Marmelade verarbeiteten, in Pettersson-und-Findus-Kulissen herumspazierten und noch viel weitere Wege zum Einkauf als in Irland hatten.

Ja, auch dieser Urlaub hatte seinen Zauber, aber mein Herz sehnte sich drei schwedenwochenlang nach der Rauheit des an die Insel spülenden Atlantiks. Nach Frau Mahlzahns schroffer, abenteuerlicher Schönheit, nach dem Wind und den Wellen und dem Inselabendlicht. Und der Weite des Horizontes. Seit jenem Schwedenurlaub sind wir der Insel nicht mehr untreu geworden. Dabei mag geholfen haben, dass wir drei aufeinanderfolgende Jahre mit schlechtem Wetter und als Folge dessen mit sehr wenigen fremden Besuchern gesegnet waren. Ich war also nur sehr selten mit Vandalen konfrontiert, die in unser Paradies eindrangen.

Gänzlich geheilt hat mich jedoch erst der tiefenentspannte Kommentar einer Freundin, die an einem strahlend schönen, perfekten Inseltag die vielen Besucher mit den Worten kommen und gehen sah: „Wie cool, schon an dem Ort zu sein, an dem alle Menschen sein wollen!"

himmel

Das Wetter der Insel

Irland muss ein Sehnsuchtsort sein. Es sind jedenfalls wenige Menschen, deren Augen nicht kurz aufblitzen, wenn sie fragen, wo wir Urlaub machen. Aber die meisten besinnen sich schnell, die Sonnenhungrigen sowieso. Irland? Da regne es doch immer. „Immer" ist ein relativer Begriff, wann ist immer? Wenn es einmal am Tag regnet, ist das dann schon „immer"? Aber natürlich, es regnet in Irland im August häufiger als in Griechenland. Wessen Seele nach einem heißen, sonnigen Strandurlaub ruft, für den ist eine einsame irische Insel kaum die beste Wahl. Da hilft es auch nichts, dass wir auf der Insel ziemlich oft wetterprivilegiert sind. Wie oft sitzen wir im Hof und bedauern die Menschen am Festland! Die Berge

an der Küste ziehen den Wolken den Stöpsel und während sie über den Bergkämmen ihr Wasser ausschütten, spazieren wir über die Insel und schauen dem Regen an Land zu. Nicht immer, aber auch nicht selten.

Für das Wetter gibt es nur die eine Regel: Es gibt keine. „You will never know", das wisse man nie, ist alles, was wir in all den Jahren Bob als Wettervorhersage entlocken konnten. Hilfreicher sind die vielen Wetterwindstationen, die mein Mann im Laufe der Jahre gebaut und professionalisiert hat. Zuletzt hat er, gehalten durch eine aufwendige Mauersteinkonstruktion, einen Mast aufgestellt, an dessen Spitze ein Wimpel im Wind fliegt. Damit liegt er mit seinen

Vorhersagen nicht schlecht, doch auch für ihn gilt: Man weiß es nie, „you will never, never know". Letztlich sind wir immer dem ausgeliefert, was Wind und Wetter uns vom Himmel bringen. Wobei mir viel Wind immer lieber ist – der Wind schiebt die Wolken ja vor sich her, die Chance auf ein Loch im Wolkenhimmel ist dann auch viel größer …

Aber natürlich kommt es vor, dass uns die kalte Nässe in dem grauen Steinhaus mit nur einem Kamin so in die Glieder fährt, dass wir anfangen, uns nach Sonne zu verzehren. Andererseits, gerade an solchen Tagen haben wir einige unserer schönsten Erfahrungen gemacht. Zum Beispiel vor nicht allzu langer Zeit, in dem Jahr, als wir in der ersten Woche mit einem Kind alleine auf der Insel waren, die anderen machten erst woanders mit Freunden Urlaub und reisten später nach. Es war kalt und windig und grau und nass, und das nicht einen Tag, auch nicht zwei oder drei, sondern mindestens vier oder fünf oder sechs Tage lang. Deshalb waren wir dazu übergangen, uns schon früh am Abend mit Wärmeflaschen ins Bett zurückziehen, vorzulesen und zu erzählen. In ein großes Bett. Alles war nett und kuschelig und gemütlich. Und auf einmal – Ismael, der Held der Geschichte, die wir lasen, war sicher ein guter Türöffner – hat der mit 14 schon nicht mehr kleine Sohn angefangen zu erzählen. Von seinem Alltag, seinen Freunden, seinen Hoffnungen und Nöten, schüttete sein Herz zwischen uns in die Laken. Nicht dass wir sonst nicht miteinander reden würden – aber das hier hatte eine andere Nähe, eine andere Qualität. Eine, die eine völlig andere Gesprächsebene eröffnete. Bis weit nach Mitternacht redeten wir so. Und ich ertappte mich dabei, dem nassen Grau, das um die Mauern stürmte, aus ganzem Herzen dankbar zu sein.

Es sind sowieso viel eher die Erwachsenen, die den Regen zum Problem machen. Weniger die Kinder. In den ersten drei Nachschwedenjahren und auch im irischen „Jahrhundertregensommer" 2012 sind im Wintergarten und vor dem Kamin riesige Hafenlandschaften entstanden. Die Kinder haben Boote, Ruderboote, Piere, Bojen, Reusen und ich weiß nicht was noch alles gebaut. Oder sie saßen um den Tisch und aus einer Spielesammlung wurde eine Landschaft voller Elfen und Trolle und anderer Fantasiewesen. Es wurden Punkte aufgeschrieben, die, wie auch immer bei den stattfindenden Trollkämpfen ermittelt, endlos, sportreporterähnlich und höchst lebhaft kommentiert wurden. Von außen sah es aus, als ginge es um Leben und Tod. Mindestens. Stundenlang.

Wenn der Regen uns dann doch auf die Gemüter schlägt oder diese sich, ganz im Gegenteil, erhitzt entzünden – dann schlägt die Stunde der Regenhosen, Allwetterjacken und Gummistiefel. Ein Inselspaziergang geht immer. Durchgepustet sieht die Insel dann von drinnen zwar auch wieder grau – aber viel schöner grau aus. Was auch fast immer – mit Ausnahmen der geschilderten Sturmflut – geht, ist schwimmen.

Im Regen schwimmen war vielleicht sogar meine elementarste Wassererfahrung. Nass werde ich beim Schwimmen sowieso, dass das Wasser manchmal auch noch von oben kommt, hat mich nie gestört. So kam es, dass ich eines Tages fasziniert beobachtete, was Wasser eigentlich mit Wasser macht: Welcher Zauber sich entwickelt, wenn der Himmel auf die Wellen tropft, um dann leichtfüßig wie von einem Trampolin wieder hochzuschnellen und beim Wiederaufprall in unzählige winzige Tröpfchen zu zerspringen. Sie werden zu glitzernden Wellentauperlen, sobald sich auch nur ein Lichtstrahl durch die Wolken bohrt.

Die Farben der Insel

Wind und Wetter entscheiden, in welche Farben die Insel getaucht ist.

Kein Wind. Still graut alles vor sich hin. Selbst das Meer, glatt gezogen vom novembergrauen Sommerhimmel schweigt. Keine Möwe fliegt durchs Bild, kein Seehund steckt seinen Kopf durch die Wellendecke. Die Insel, wie in Kunstharz gegossen, steht still. Eine Souvenirschüttelkugel für Touristen, die niemand schüttelt. Jemand hat das Leben gestohlen. Wer jetzt spazieren gehen will, braucht mehr Mut als bei Sturmregen. Am Meer waten die Füße durch festes, unsichtbares Gelee, die Sohlen kleben an der Insel.

Keine Farbe ist so leise wie das Grau.
Keine Farbe ist so laut wie das Grau.

Nachts weckt es uns, wieder und wieder. Die Dunkelheit faucht, jault, knackt, heult, pfeift. Der Schlaf versucht eine Weile den Sturmlärm in die Träume zu knoten, denn wach klingt das Tosen noch unheimlicher. Manchmal ist beim Aufwachen der Spuk vorbei und der Himmel glänzt blau und unschuldig, wie frisch gebohnert in der Morgensonne. Manchmal siegt der Sturm über den Tag. Dann ächzt und stöhnt das graue Haus. Nur ab und zu klappt es die Tür auf und spuckt seine Sommergäste in das laute Grau. Eine schnelle Inselrunde, die Gesichter tief in Kapuzen versteckt, dann tropfen Regensachen und Stiefel den Betonboden voll. Wenigstens ist der heller grau. Ein, zwei, drei, viele Tage lang.

Irgendwann passiert es. Immer. Vielleicht nur für ein Intermezzo, aber es passiert. Beim Wachwerden oder beim Kopfheben von der Lektüre oder beim Zähneputzen. Irgendwann wird das Grau heller. Dann erahnt man das Licht, manchmal bricht es sich triumphierend Bahn. Richtet seinen Strahl auf einen Fleck am Festland. An der Stelle leuchtet die Erde hellgrün, der Himmel darüber tiefblau. Und manchmal geht es nicht um einen Lichtblick, hier und dort, manchmal verscheucht der Wind auch noch das kleinste, schneeweißeste Wolkenlamm. Dann malt das Himmelsblau meisterlich, tauchen alle nur denkbaren Grüns und Blaus in den Wellen auf, mal leuchtet das Meer hier smaragdgrün, dort königlich blau und dazwischen funkelt ein Türkis, das kein Maler mischen könnte.

Das Himmelsblau erlaubt der Welt sich reinzuwaschen, porentief. Die Wellen werden zu tanzenden Spiegeln, großen und kleinen, vervielfachten Lichtfunken. Alle Sünden, aller Kummer, alle Last wird weggefunkelt.

Alles ist wieder möglich. Auch ganz früh zu erwachen. Noch vor der Sonne. Wenn das geschieht, solange das Himmelsblau Regie beim Malen führt, dann werden wir Zeugen eines fast schon überirdisch schönen Spektakels. Aus der Nacht tauchen neue Farben auf, aus Schwarz wird Blauschwarz, wird Blauviolett. Wer dann noch nicht aufgewacht ist, wird ihn verpassen. Den einen Moment, in dem das Violett sich tiefrot vom Horizont in die Wellen gießt. Und von dort in alle rotorangegelben Töne fließt. „Wir fahren durch goldenes Wasser", staunte der Jüngste ehrfürchtig, als wir frühmorgens von Bob an Land gebracht wurden. In der halben Stunde, in der selbst der Mond die Bucht nicht lassen will, um keine Sekunde von dieser purpurnen Überfahrt zu verpassen. Niemand spricht. Alle füllen sich die Augen satt mit der eingelösten Verheißung, auf die keiner mehr zu hoffen gewagt hatte und die niemand mehr vergessen wird: Wem das keine Erinnerung an ein Paradies ist, dem ist nicht zu helfen.

Das Licht der Insel

Wo so viel Wind weht, wie auf der Inselhimmelsbühne, da wird vornehmlich ein Stück gegeben: das Lichtspiel. Unablässig wird auf dieser Bühne ent- und verhüllt, immer neu, immer anders. Das Licht führt die eigentliche Regie, entscheidet über warm und kalt, hell und dunkel. Außer, dass es die Insel immer dann in Farben taucht, wenn der Wind die Kulissen am Himmel weggeschoben hat, lässt es mich auch auf den Grund meines Selbst schauen oder auf die vielen Schleier, die ich aus unseren Gewohnheiten zwischen mich und mein Selbst gewebt habe. Das Licht spielt mit meiner Stimmung. Wie ein Puppenspieler zieht es mit seinen Fäden an meinen Augen, lenkt meine Blicke immer dorthin, wo es auftaucht. Schickt sie übers Meer, wenn am Horizont plötzlich ein Lichtband glitzert, weißgolden. Kaum haben die Augen eine Minute darin gebadet, hat sich die Wolkendecke wieder geschlossen. Nur um sich an anderer Stelle wieder zu öffnen. Riesenstrahler richten sich jetzt auf andere Ziele. Einmal feierten wir einen runden Geburtstag meines Mannes auf der Insel und die kleine Festgesellschaft vom Festland schickte sich an, abends um zehn den Weg zurück anzutreten. Es hatte den ganzen Abend geregnet. Während wir darauf warteten, dass das Ruderboot geholt wurde, riss der Wind ein Loch in die Wolken und orangegoldenes Flutlicht strahlte auf einen Felsen im Meer. Ganz so, als gäbe es einen funkelnden Goldschatz preis.

Manchmal nehme ich an sonnigen Tagen das Fernglas mit an den Strand. Richte den Fokus, mal scharf, mal unscharf, auf die vielen kleinen, in Wellenzungen tanzenden Lichtpunkte. Unscharf werden sie ein Lichtermeer, scharf sehe ich eine unregelmäßige Formation, die doch zu einem harmonischen Ganzen wird.

Das Licht trägt ein Geheimnis in sich, eines, das an meine Herkunft rührt und daran, wohin wir gehen werden, dereinst, wenn wir die Erde verlassen. Ausgerechnet das ungeliebte graue Licht nährt dabei den Verdacht, dass der Ursprung sich vom Ziel in nichts unterscheidet: Der Regen kann übergangslos, grau in grau, mit dem Meer in den Horizont fließen – zeigen, dass Erde und Himmel nur zwei Seiten einer Medaille sind. Und ich dank des Lichtes durchaus auch die himmlische Seite ahnen kann. Etwa wenn die Kinder, in selten so ausgedrückter verbundener Zuwendung, Hand in Hand, an der Westseite der Insel vor der untergehenden Sonne stehen. Versunken in die Abendstrahlen, während sich vor ihnen

eine Lichtstraße bis zum Horizont erstreckt. Wäre es nicht so atemberaubend echt, es wäre unfassbar kitschig anzusehen. Hier aber ist mir, als leuchteten ihre Seelen vor ihnen im Wasser und erhellten ihnen schon mal den Weg, der vor ihnen liegt.

Selbst nachts warten Lichtinszenierungen auf. Was die Sonne kann, kann auch der Mond. Wie in jener Vollmondnacht, als sich bei Ebbe ein weißes Band zwischen Haupt- und Spinatinsel durchs Wasser zog. Es war so hell, dass wir nachts um elf in Licht und Meer in den Zauber des Momentes eintauchen konnten. Ebenso eindrücklich war es, als uns der Mond aufgehend zu Zeugen eines wahrhaftigen Naturspektakels machte: riesenrund und pfeilgerade stieg er rotgolden in wenigen Minuten vor den Bergen über dem Meer auf, uns sprachlos machend.

Tja, und dann gibt es noch ein anderes Geheimnis, das Geheimnis des Abendlichtes. Jedes Jahr aufs Neue will ich es ergründen. Ab dem späten Nachmittag gibt es mir seine Rätsel auf, wenn plötzlich das Grün in den Wiesen, das Blau im Meer, das Weiß der Strandläufer und das Rot der Bojen von innen so heftig zu leuchten beginnen, als wären unsichtbare Strahler eingeschaltet worden. Nie sind die Farben so intensiv wie zu dieser Tageszeit, nie wird die Welt so weich. Auch die Gesichter und Stimmen verlieren ihre Schärfen, als könne das Licht besänftigen, als brächte es eine natürliche Autorität mit sich. Es ist die Stunde, in der die Fotos gelingen und die Motive aufgenommen werden, die es später erst in die Erinnerungsalben und dann in das kollektive Familiengedächtnis schaffen werden.

„Es ist die Frequenz", sagt mein Mann, wenn ich ihn nach dem Rätsel befrage. „Die Lichtfrequenz ist anders." Seine Antwort gibt mir nur neue Rätsel auf, mein Physikunterricht ist definitiv zu lange her. Frequenzen bringen mich dem Abendlicht nicht näher. Aber vielleicht muss es das ja auch nicht. Vielleicht wirkt das Geheimnis umso stärker, weil es sich meiner Ergründung entzieht.

Die Weisheit der Insel

Es gibt viele Gründe, warum unser kurzes Sommerleben hier ehrlicher ist als der Rest des Jahres in der zivilisierten Welt zusammen. Einer ist, dass es auf der Insel keine Ausreden gibt. Es gibt nichts und niemanden, der an etwas schuld sein könnte, dem wir die Verantwortung für schlechte Launen, Zorn, Wut, Scheitern aufladen könnten. Hier gibt es immer nur uns - und die Insel. Die schlechte Laune muss genauso in uns stecken wie die gute auch. Wer sich auf die Insel einlässt, wird unausweichlich mit sich selbst konfrontiert. So viel unbestechlichen Spiegel gibt es sonst nie!

Tja und dann, Inselromantik hin, Inselromantik her, so viel Poesie, Lichtzauber und Wunder des Lebens es auf der Insel auch zu erleben gibt, so viel Härte birgt sie in sich. Gnadenlose Härte.

Wie an jenem stürmischen Regentag, an dem wir irgendwann dennoch vor die Tür gehen. Als wir an einem Felsen vorbeilaufen, schrecken wir ein vielleicht gerade mal drei Wochen altes Möwenjunges auf. Voller Panik stürzt es von uns weg an den Rand der Klippen, wo es von einer Böe erfasst und in die Wellen geschleudert wird. Es ist noch viel zu schwach, um sich gegen die Kraft der Elemente wehren zu können, auch wenn es sich nicht sofort ergibt, sondern sich tapfer gegen Wind und Meer stemmt. Uns Beobachtern ist nach den ersten Sekunden schon die Vergeblichkeit dieser Anstrengungen überaus schmerzlich bewusst. Sicher zwanzig Minuten stehen wir da und wohnen seinem Todeskampf bei. Wünschten, während die Wellen das Küken wieder und wieder gegen die Felsen schleudern und es bei jedem Versuch sich zu retten weiter hinausgetrieben wird, sein Leid wäre schneller vorbei. Erschütternde Laute kommen aus der kleinen Kehle, locken erwachsene Artgenossen herbei. Auch sie können nichts tun, nichts und niemand kann helfen. Irgendwann treibt das Möwenkind, so nass und zerzaust wie bei seiner Geburt, reglos dahin. Es ist endgültig ein Spielball der Wellen geworden. Uns laufen die Tränen herunter. Lange sitzen wir an diesem Abend zusammen am Feuer, reden über uns, das Leben und das Sterben. Wir alle wissen, dass wir sterben werden. Und niemand weiß wann und wie und wer der Nächste von uns sein wird. Wissen und fühlen – das sind jedoch zwei sehr verschiedene Paar Schuhe. Das Möwenkind lässt uns unsere eigene Zerbrechlichkeit fühlen. Die von jedem Einzelnen und von uns als Gemeinschaft.

Während ich schreibend noch mal mit dem Möwenkind leide, schaue ich auf das heute leuchtend blaue Meer. Der Schäfer hat an der Boje seine Schafstransportkiste, einen Bretterverschlag auf Plastiktonnen, festgemacht. Dorthin sind alle vier Kinder, die diesen Sommer die Insel mit uns teilen, unterwegs. Jung und stark und schön erobern sie das Meer, springen von der Schafskiste in die Wellen. Ich wünsche ihnen, dass sie so leben: an den Elementen ihre unerschöpflichen Kräfte messen und sie für ihr Leben entdecken und nutzen. Um mit diesem Anschub kraftvoll ins Leben zu starten.

Warum wir die Insel immer im Gepäck haben

Ich hebe den Kopf, tauche aus meinem Inseltext auf. Bis hierhin war ich beim ersten Niederschreiben gekommen. Hatte alles im Kopf, was noch fehlte. Wollte erzählen, wie die Flut uns auf die Insel bringt und die Ebbe zurück in den Alltag. Den Alltag, mit all unseren vielen Aufgaben, die uns zu denen machen, die wir sind und die wir an jedem Ende einer Sommerferienzeit wiedergefunden haben.

Ich wollte hier erzählen, wie uns, zumeist in der ersten Zeit zurück zu Hause, die Insel noch nahe ist. Jedes Jahr aufs Neue wundern wir uns zu Hause darüber, dass es auf Knopfdruck hell und im Handumdrehen warm wird. Jedes Jahr sammeln wir uns in den ersten Wochen häufiger als sonst um die Feuerstelle im Garten, mit Stockbrot und Punsch. Auch hier kommen wir uns nahe. Und manchmal

gesellt sich auch zu Hause der Inselzauber dazu. Wie in dem Moment, als wir an einem kalten Winterabend plötzlich von sanft fallenden Schneeflocken eingehüllt werden. Dass wir auch im Alltag die Nähe der Elemente suchen, um uns selber nah bleiben zu können.

Ich wollte erzählen, dass wir – wohin wir auch gehen – die Insel im Gepäck haben. Nicht nur wie im ersten Jahr, als wir geflogen sind, sogar sprichwörtlich: Als der Taxifahrer am Flughafen unsere Koffer auf die Straße wuchtete und dabei so viel mehr Kraft als erwartet brauchte, rief er aus: „It's like you had stones in it." Das sei ja, als hätten wir Steine eingepackt. Ich wurde rot. Er wusste schließlich nicht, wie recht er hatte: kleine, mittlere, der größte fast handballgroß, tafellackschwarze mit zarten weißen Streifen, rot schattierte, grau gesprenkelte, glatte, raue – in allen Farben und Formen hatten wir die Insel eingepackt.

All das wollte ich in diesem Schlusskapitel erzählen. Ich dachte, weil es sich um das Leben zu Hause handelte, sollte ich es auch zu Hause aufschreiben.

Aber dann sind die Worte nicht mitgereist. Sind einfach auf der Insel geblieben. Wie oft ich mich auch hinsetzte, meine Finger blieben still, die Inselworte stumm. Irgendwann verstand ich: Ich muss bis zur nächsten Inselzeit auf sie warten. Woraus, wegen des Wintersturms im Winter 2013/14 dann zwei lange Jahre wurden.

Als ich, endlich, endlich! wieder da bin, endlich neben Bob im Steuerstand seines Fischerbootes stehe und mit ihm Kurs auf die Insel nehme, bin ich voller Freude, als Bob mich in seine Kajüte nickt. Wie sollte ich ahnen, dass mich dort eine schlechte Nachricht erwartet?

epilog

»I have got bad news for you. You will not want to hear them.« Er habe schlechte Nachrichten, die ich nicht hören wolle. Glücklich und erschöpft, erleichtert, endlich da zu sein, habe ich in der Tat keine Ahnung, was Bob von mir will.

Dieses Jahr war die zweitägige Anreise ein einziger Hindernislauf gewesen. In Calais wurden Fähre und Eurotunnel bestreikt. Alle, die nach Dover wollen, mussten über Dünkirchen. Sternförmig stauten sich die LKWs in Richtung Hafen. 40 Kilometer vor Dünkirchen fing es an, wir passierten die ersten gestrandeten LKWs, von Polizisten ordentlich zu endlosen Bandwürmern auf der rechten Autobahnspur geparkt. Noch durften wir weiterfahren, aber bald fühlte ich mich wie in einer kafkaesken Parabel gefangen: Wo immer ein Schild „carferry" den Weg zur Autofähre wies, verhinderten großräumige Absperrungen die Weiterfahrt. Feldwege, Dörfer, wir versuchten es auf immer neuen Wegen, aus immer neuen Richtungen. Endlich, unsere gebuchte Fähre hatte lange abgelegt, schafften wir es in einen Kreisverkehr in Hafennähe. Die Autos vor uns schafften auch die Ausfahrt zum Fähranleger. Als ich den Blinker setzte, sprang mir ein wütender Polizist im strömenden Regen mit erhobener Kelle vors Auto: „Allezallezallez", los, los, los! schreiend, schickte er uns lautstark in die entgegengesetzte Richtung. Willkommen bei den Sch'tis oder bei Monopoly, Streik-Monopoly. Gehe nicht über Los, kassiere nicht 400 Euro. Stunden später schafften wir es auf die Fähre, nur um in England auf ebenso lange Staus zu treffen. 15 ewige Autostunden brauchten wir an jenem Tag bis zu unserem Quartier in Wales. Und auch die Fahrt am nächsten Tag war im dunklen Regen kein Vergnügen. Erst in der Nacht kamen wir an der Westküste an.

Nach alldem stehe ich also auf dem Schiff, die Anstrengung der Reise will gerade weichen, als Bob mir in seiner Kajüte seine schlechten Nachrichten ankündigt: „I will retire. Ich setze mich zur Ruhe. Es waren wundervolle Jahre, Ihr Gäste und die Insel haben mich lebendig gehalten. Aber jetzt ist es zu Ende." So übergangslos wie sich meine Augen mit Tränen füllen, so rasch wende ich mich ab.

Es regnet immer noch, als wir auf der Insel ankommen. Vier Wochen haben wir dieses Jahr möglich gemacht. Für vier Wochen muss wieder Gepäck, Verpflegung, Trinkwasser, Gas ins Haus. Wie angeschwemmt sammelt sich all das am Strand. „The heater is broken, there is no hot water" („Der Heizkessel ist kaputt, ihr habt kein heißes Wasser"), gibt Bob uns noch mit. Dann ist sein Boot weg. Und wir schleppen im Regen unser Hab und Gut über den Strand zum Haus.

Als endlich alles oben im Hof ist, setzen die Kinder sich an Bobs selbst gezimmerten Picknicktisch. Ich will mich oben auf die Tischplatte dazusetzen, als die Kinder aufspringen: „Mutter, nein. Nicht!" Schon kracht die Platte mit mir ein.

„Noch ein Zeichen", sagt mein Mann lakonisch. Der wie wir alle die Wunden gesehen hat, die der große Wintersturm gerissen hat. Dabei habe ich noch nicht mal von Bobs Hiobsbotschaft angefangen.

Auch so atmen Haus und Insel Verfall. Das eingedrungene Wasser hat überall seine Spuren hinterlassen. Die schlechte Nachricht muss warten bis zur ersten Mahlzeit. Der Schock ist groß. Bei allen.

Wir richten uns ein, schleppen Wasser, beziehen die Betten, packen aus. Ich stecke meine Finger in den ersten Brotteig und meine Füße das erste Mal ins Meer. Atme tief. Als auch alle Bücher, Hefte, Stifte griffbereit auf der Fensterbank Platz gefunden haben, fällt mir dieser Text über die Insel wieder ein. Den meine Finger zwei Jahre zuvor so dringlich schreiben mussten. Ohne dass ich hätte sagen können, warum oder wozu sie das taten. Ich hole die Seiten hervor – und tauche darin ab. Und dieses Mal sehe ich es, weiß sofort, warum ich ihn geschrieben habe. Ich halte mein Glück in Händen. Das Glück, das Inselglück, das mir das Leben vor mehr als zwanzig Jahren als Samen in eben diese Hände legte. Über die Jahre hat es in Hirn und Herz gewurzelt, Glück, Einsicht, Nähe und Verbundenheit gewässert, sodass auf mannigfaltige Weise Blüten zum Himmel wachsen konnten:

Die abenteuerlichen, *in denen wir das Leben der Inseltiere beobachteten und die Kraft der Elemente zu spüren bekamen.*
Die mußevollen, *in den wir als Gemeinschaft zusammenwuchsen, immer jemand anderes von uns eine Idee aus sich fischte und in unser Leben warf und wir immer neue Seiten an uns entdeckten.*
Die seelenvollen, *in denen wir uns Dinge anvertrauten, für die uns an Land vielleicht der Mut gefehlt hatte, waren genauso wichtig, wie*
die ehrlichen, *in denen wir einander Seiten zumuteten, die man vielleicht nur auf einer Insel, auf der niemand entkommen kann, zu zeigen wagt und aneinander aushalten kann.*

All diese Momente hatten meine Finger eingefangen und zu einem blühenden Strauß gebunden, als hielten meine Worte mir diesen prachtvollen Strauß hin. Als ich ihn mit den Augen jetzt entgegennehme, ist mir, als fände ich in den imaginären Blumen eine imaginäre Karte. Mit der gar nicht imaginären Einsicht:

Überreicht mit liebevollen Grüßen,
Deine Insel

Staunen, plötzliche Scham, Überraschung - rasch wechseln meine Gefühle, während diese Einsicht aus meinem Hirn in mein Herz träufelt. Übergangslos erscheint vor meinem inneren Auge ein junges Mädchen. Die 17-jährige Ausgabe von mir selbst. Die so viele Nächte wach lag. Weil sie, von jetzt auf gleich, begriff, dass - was immer das Leben auch für sie bereithalten würde - sie würde sterben müssen. Eine Einsicht wie ein Blitzeinschlag, eine, die sie tödlich verwundet zurücklässt: dem Tod nie entkommen zu können. Wozu dann überhaupt leben?

Mit der 17-Jährigen eigenen Radikalität denkt sie diesen Gedanken weiter. Hat sie etwa jemanden um dieses Leben, das ihr vor allem als aufgetragene Last erscheint, gebeten? Nein. Dennoch ist sie hier. Auf der Erde.

Doch sie begreift auch: Dieses Leben gehört ihr. Ganz alleine. Wenn sie über seinen Anfang nicht bestimmen konnte, über das Ende schon. Sie erwägt diese Option ernsthaft. Und stellt überrascht fest, dass sie irgendetwas davon abhält. Etwas hält sie im Leben. Trotz allem. Völlig logisch erscheint ihr deswegen der Gedanke, dass sie dann herausfinden müsse, was sie festhält. Und das dann leben.

Ihr Held auf dieser Suche wird Dr. Rieux. Hundertfach schaut der von Camus erschaffene Arzt dem Tod durch die Pest ins Auge, nimmt seinen eigenen dabei in Kauf. Nie vergisst sie die Szene, in der Rieux nachts am Bett eines schwerkranken Kindes wacht. Den Kampf verlieren wird. Der junge Journalist Rambert wacht mit ihm. Will verstehen, warum Rieux tut, was er tut. Sich der Gefahr aussetzt. Und doch verliert. Rieux hat eine schlichte Antwort: In Zeiten von Plagen wie der Pest, die die Stadt überfallen hat, bräuchte es Anstand. In seinem Fall hieße das, seinen Beruf auszuüben.

Rieux beschönigt nicht. Spendet keinen Trost. Der kleine Junge stirbt, nach bitteren, qualvollen, sich ewig dehnenden Sterbe-

kampfstunden. Rieux sieht darin weder eine Strafe für begangene Sünden. Noch hofft er auf ein Jenseits. Das Leben ist absurd, weil es mit dem Tod endet. Und bis dahin braucht es Anstand.

Trotzdem, trotz der Pest in der Stadt, also einer Zeit, in der alle um ihr Leben fürchten, trotzdem brauche es Anstand.

Es ist dieses „Trotzdem", das alles enthält. Das die 17-Jährige Angela zu trösten, zu halten vermag. Weil es in erschütternder Ehrlichkeit die Wahrheit anerkennt. Und aushält. Das Trotzdem wird ihr zum Seil über dem Abgrund. Löscht ihn nicht aus. Und zeigt doch einen Weg darüber. Der Abgrund wird immer da sein. Ihre Füße haben schwankenden Grund. Ihr Herz auch.

Sie beschließt: Was Rieux kann, kann sie auch. Macht aus dem Trotzdem den Grund ihres Lebens. Macht ihn zum Sinndetektor. Überall wo das Trotzdem ausschlägt, kann sie leben. Trotzdem leben.

Sinn hatte sie seitdem auf der Agenda. Immer. Glück nie. Glück ist eine Überraschung.

Die Erinnerung an die 17-Jährige in mir hat mich verschluckt, wie ein alle Aufmerksamkeit fesselnder Film. Ich muss mich zurück in die Inselwirklichkeit kämpfen. Merke, dass ich dem Leben immer noch wie mit 17 begegne: Glück ist eine Überraschung. Dieser prächtige Inselstrauß voller Glücksblumen ist eine überwältigende Überraschung. Und das soll jetzt vorbei sein? – ist der nächste Gedanke, den ich fassen kann. Wer führt hier eigentlich die Regie? Warum begreife ich das alles jetzt? Wo unser Inselleben vielleicht bald für immer zu Ende sein wird?

Als bräuchten Bobs Worte eine Illustration, atmet die ganze Insel Verfall. Überall trägt sie tiefe Wunden vom Wintersturm. Als hätte ein riesiges Seeungeheuer seine Klauen in das Land geschlagen, gewaltige Stücke herausgerissen. Zudem muss es Spielkameraden gehabt haben: Wo vorher Mauern die Wiesen säumten, ebenso mühevoll aufgeschichtet wie instand gehalten, sieht es aus, als hätten Riesenkinder ihre Legokisten ausgeschüttet, alsbald die Lust verloren, keine Lust zum Aufräumen gehabt und alles achtlos liegen lassen.

Zu den Veränderungen der Insel kommen die in unserer Familie. Der Große der die Insel als Kind doch so geliebt hat, merkt, jetzt selber 17, plötzlich: Die Zeit der Insel ist für ihn vorbei. Das Jahr zuvor war er unterwegs. Vor ein paar Wochen ist er erst von einer monatelangen Schulschiffsreise mit einem Segelschiff aus der Karibik heimgekehrt. Wie sehr er dabei gewachsen ist, wird deutlich, als wir mit dem Boot übersetzen. Bob behandelt ihn als seinesgleichen, auf Augenhöhe. Wir anderen sind weiter Touristen.

Jetzt fühlt sich alles auf der Insel falsch für ihn an. Dieser Ort, an dem er so glücklich war, ist keine Option mehr. Es war ja auch der Ort seines Kinderglücks. Seine Kindheit ist vorbei. Das ist natürlich. Und gut. Und richtig. So geht das Leben weiter. Jäh lodert Schmerz über diesen Lauf des Lebens in mir auf. Der Große fühlt ihn. Schaut mir bittend in die Augen, zieht meine Stirn an die seine. Leise sagt er: „Tut mir leid, Mama." Mir ist, als gäbe es plötzlich ein neues Drehbuch. Und nur er kennt die Regieanweisung. Meine im Textbuch sind geschwärzt. Ich muss jeden Schritt selbst entdecken. Sicher ist nur: Von meiner Rolle als Mutter, die für dieses Kind zu sorgen hat, bin ich abgesetzt. Sozusagen – entbunden.

So viel Veränderung. So viel Vergänglichkeit. So intensiv auf allen Ebenen in diesen Inselsommer hineingebracht.

Der genauso unaufhaltsam vorüber geht wie mein Lebenssommer. Meine Haare und meine Hände halten mir schon länger vor Augen, dass ich keine 30 mehr bin. In meinem Frühsommer hat das Leben mir die Insel gezeigt. In meinem Sommer habe ich die Sommer meines Lebens hier verbracht. In meinem Spätsommer stehen die Zeichen auf Abschied von dieser großen Liebe.

Und jetzt? *Denke ich an den Ruf aller Weisheitslehren. Im Leben gehe es darum, das Sterben zu lernen. Nur so lerne man zu leben. Und zu lieben. Schon lange ahne ich die Wahrheit darin, die die Menschen im Mittelalter in ein so poetisches Bild malten: mit dem Tod tanzen.*

Und? Will ich? *Die knochige Hand der Vergänglichkeit, die er mir unter all diesen „Hier-geht-etwas-zu-Ende-was-mich-so-glücklich-gemacht-hat"-Bildern reicht, greifen und mich zum Tanz fordern lassen? Schon der Gedanke daran tut so weh. Warum sonst muss ich schon bei der Vorstellung, das Inselleben könne zu Ende sein, so weinen?*

Wie soll ich all das hier loslassen? *Wo ich doch gerade eben erst begriffen habe, was ich hier bekomme? Und doch – wenn ich hier das „auch ich bin vergänglich" im Kleinen, im Loslassen des Insellebens nicht übe, wann dann? Wenn ich warte, bis nicht nur mein Inselleben, sondern auch meines oder das Leben meiner Liebsten zu Ende geht, wird es wohl zu spät sein.*

Das Leben hat Humor. Warum nur vergesse ich das immer? Als ich mit schwerem Herzen vor dem von überallher Zusammengesammelten, Zurückgelassenen, Ausgesetzten, den muffig aufgequollenen Büchern im Inselregal stehe, fällt mir Camus in die Hände. Ausgerechnet.

*Eine Autorin hat ein Camuswort ihrer Erzählung vorangestellt: „***In der Mitte des Winters erkannte ich endlich, dass ein unbesiegbarer Sommer in mir ist.***" Mir ist, als hätte Camus mir eine Flaschenpost ins Bücherregal geschmuggelt. Während ich noch darüber schmunzle, erklingt eine Melodie in mir, sie singt: „Summertime. And the living is easy." Der Kreis schließt sich. Eine befreundete Sängerin hatte dieses Lied zur Begrüßung unseres ältesten Sohnes im Leben gesungen.*

Ein Brocken Zeit löst sich. Fängt an zu fließen. Fließt an mir vorbei. Reicht mir die Hand, als solle ich in das kleine Zeitboot einsteigen. Damit es mich mitnehmen kann. Auf die Reise. Denke an die Mönche der Insel. Frage sie: Habt ihr eine Idee? Könnt ihr mir helfen auf dieser Reise?

Die Mönche sitzen zu dritt in ihren Kanus, winken mir fröhlich zu. Deuten auf den Platz im Boot, an dem der Steuermann fehlt. An dem sie auf Gott vertrauen.

Ich bin nicht gut in Vertrauen. Aber vielleicht kann ich es üben. Auf jeden Fall kann ich diese Gelegenheit dazu am Schopf ergreifen. Mich in die fließende Zeit bergen. Mich von ihr bergen lassen.

Probeweise als Segel Vertrauen riskieren. Und, was immer Herbst und Winter auch für mich bereithalten mögen, Kurs nehmen auf den Sommer.

Den unbesiegbaren Sommer in mir.

Inselbücher

Eine Auswahl der Bücher, die wir auf der Insel vorgelesen haben:

Michael Gerard Bauer, Nennt mich nicht Ismael, dtv

Samuel Benchetrit, Rimbaud und die Dinge des Herzens, atb

Roddy Doyle, Das große Giggler-Geheimnis, omnibus

Roddy Doyle, Wildnis, cbj Verlag

Maurice Druon, Tistou mit dem grünen Daumen, dtv

Michael Ende, Jim Knopf und die Wilde 13, Thienemann

Clement Freud, Grimpel, Fischer

Amy MacDonald, Nie wieder fies, Verlag Freies Geistesleben

Tove Jansson, Willkommen im Mumintal, arena

Guus Kuijer, Das Buch von allen Dingen, Oetinger

Jack London, Der Seewolf, dtv

Salah Naoura, Matti und Sami und die drei größten Fehler des Universums, BELTZ und Gelberg

Jordan Sonnenblick, Wie ich zum besten Schlagzeuger der Welt wurde – und warum, Carlsen

Maria Parr, Sommersprossen auf den Knien, Dressler

Hermann Schulz, Wenn dich ein Löwe nach der Uhrzeit fragt, Carlsen

Leonie Swann, Glennkill – Ein Schafskrimi, Goldmann

Jane Teller, Nichts was im Leben wichtig ist, dtv

Inselzugabe ...

Das Leben hat unserem Inselglück Aufschub gewährt. Bob hat sich zwar in der Tat zurückgezogen. Aber wir dürfen weiter den Sommer auf Illauntannig verbringen. Bob hat den Schäfer, der die Insel für seine Schafe schon seit vielen Jahren pachtet, beauftragt, Gäste überzusetzen. Zusammen mit Bobs Neffen John und dessen Frau Kathleen kümmert sich der Schäfer John Scandelon rührend um unser Wohl. Und heißt neue Gäste herzlich willkommen.

Wer Interesse an einem Urlaub auf der Insel hat, kann sich gerne bei mir melden: www.angela-krumpen.de

über die autorin

Angela Krumpen, Radiojournalistin, Autorin und Moderatorin, folgt Menschen und ihren Geschichten, wohin auch immer diese spielen: nach Tibet oder Chile, in den Holocaust und die rettende Welt der Musik. Gerade reist sie ins Herz von Afrika, um in Burundi Menschen zu treffen, die von Völkermord und Versöhnung erzählen. In ihr eigenes Herz reist sie immer im Sommer, immer mit ihrer Familie und immer auf die winzige irische Insel Illauntannig.

Segen
DEIN ONLINE-SEMINAR